U0506354

天津社会科学院
日本研究丛书

日本
中世赠答文化

The Japanese Gift Giving and Returning Culture
in the Medieval Period

胡 亮 著

社会科学文献出版社
SOCIAL SCIENCES ACADEMIC PRESS (CHINA)

目 录
CONTENTS

导　论

第一节　研究意义

20 世纪 20 年代，功能学派代表马林诺夫斯基开创了礼物交换研究之先河，之后，人类学家将礼物交换作为研究社会的重要切入点，从原始部落到大规模文明社会，探究各地的礼物交换特点及礼物交换与宗教、社会秩序、政治的关系。礼物研究中究竟隐藏着何种魅力使得人类学家对礼物交换研究如此执着？蕴含着何种力量吸引着人类学家对礼物交换研究欲罢不能？莫斯指出，礼物交换不仅具有经济特征，还具有政治、宗教特征。在礼物交换过程中，道德、声望、政治、经济、货币都可以找到其对应的功能与社会位置，是社会的总体呈现。① 因此，礼物交换研究是解析宗教、政治、社会秩序、文化等的重要途径，是解构礼物交换背后复杂社会行为的有效手段。关于礼物交换研究之意义，主要有以下三点。

首先，通过研究礼物交换加深对交往行为的理解。关于交往，马克思、恩格斯对其的定义为："交往是在一定历史条件下的现实中的个人以及诸如阶级、民族、社会集团、国家等共同体之间在物质、精神上相互约束、相互作用、彼此联系、共同发展的活动及其形成

---

① 〔法〕马塞尔·莫斯：《论馈赠——传统社会的交换形式及其功能》，卢汇译，中央民族大学出版社 2002 年版，第 148～149 页。

的相互关系的统一。其中物质交往是最基本的交往活动，它决定着精神交往及其他一切交往活动和交往形式。"① 在物质交往中，无论是马林诺夫斯基研究的库拉②交换、莫斯研究的夸富宴③，还是大规模文明社会的交换，人们都遵循一定的礼仪、规范，以"礼"（或彬彬有礼或态度冷淡）作为形式，以"物"作为媒介来达到某种目的。从狭义的角度讲，研究礼物交换可以增进对人与人交往模式的了解；从广义的角度讲，可以明晰国与国的交往原则。因此，通过礼物交换研究明晰交往模式，其重要性不言而喻。

其次，通过研究礼物交换解明社会秩序。关于社会秩序如何成为可能这一点，中国学者赵旭东在《文化的表达》中认为，在人类学家的词典中，互惠原则被看作社会秩序成为可能的基础，而夸富宴式的礼物关系则是古代社会以及现代西方以外的异文化社会契约得以建立的基本渠道。④ 滕尼斯将社会分为两种形态，前近代社会为"礼俗社会"，以礼作为维护社会秩序的手段；近代社会是"法理社会"，以法律来规范社会。任何社会秩序都不能仅靠权力或礼俗维系，而需要二者相辅相成，互为补充。"法理社会"是更高层面或者

---

① 范宝舟：《论马克思交往理论及其当代意义》，社会科学文献出版社 2009 年版，第 22 页。
② 库拉最初由马林诺夫斯基提出，是由居住在海岛上的、形成闭锁循环的共同体进行的交换形式：两种而且只有两种物品，不断地朝着相反的方向进行。一种是红色贝壳做的叫作索巫拉伐的长项链，它不断朝着顺时针的方向移动。另一种是白色贝壳做的叫作姆瓦利的臂镯，它朝着相反的方向移动。这两种东西各朝各的方向移动，途中彼此相遇时，常被拿来交换。库拉宝物的每次移动，每次交易的各个细节，都需要遵守一套传统规则和习俗规则，有些库拉交换还伴随着精致的巫术仪式和公共礼仪。参见布罗尼斯拉夫·马林诺夫斯基《西太平洋上的航海者》，张云江译，中国社会科学出版社 2009 年版，第 45 页。
③ 夸富宴指北美洲和西北美洲、美拉尼西亚和巴布亚的部落在冬季伴随各种仪式时而举行的宴会，有婚礼、成年礼、萨满巫师降神仪式以及其他各种祭祀活动。在这类宴席上，主人宴请四方宾客，故意在客人面前大量毁坏个人财产并且慷慨地馈赠礼物，其形式可以是大规模地烹羊宰牛，也可以是大把地撒金撒银，目的归根到底只有一个，让那些受邀而来的宾客蒙羞，从而证明主人雄厚的财力和高贵的地位。这种对峙甚至可以是一场战斗，为使对方失色或将其首领或贵族置于死地而毁尽自己的万贯家产。
④ 赵旭东：《文化的表达》，中国人民大学出版社 2009 年版，第 158 页。

范围更广的社会，而"礼俗社会"则是人们休戚与共的生活场域，在这个生活场域中，相互的礼尚往来发挥着巨大作用。因此，可以通过研究礼物交换来解明社会中的"人情秩序"。

最后，通过礼物交换研究分析权威政治的作用。政治有权力政治与权威政治之分。在政治统治方面，仅有外在的强制力——权力政治是不足的，还需要隐性的强制力，这种隐性的强制力即权威政治。自古以来，任何国家都存在不同形式的祭祀、宴会，而这些祭祀活动及宴会之所以延续至今，其中的一个原因是其具有体现权威政治的作用。日本学者山崎正和在《社交的人》中指出，室町时代，足利幕府软弱无能，战国大名群雄割据，人们的隶属关系多元化，而且集团的相互争斗十分激烈，以致京都每天都有流血事件发生。但室町时代却持续二百余年，对于这个让后世匪夷所思的政治秩序，山崎认为是权威政治发挥重要作用。后世经常认为权力才是政治，其实这是一种先入之见，权威也可以作为政治的一个侧面发挥作用，而这种权威政治表现在礼物交换、祭祀、宴会等仪式庆典中。① 因此，对于礼物交换以及宴会等仪式的研究可以考察权威政治的作用。

综上所述，礼物交换研究是文化研究中重要的切入点，是分析社会秩序、政治、人际交往的有效工具。而研究日本人的赠答②模式，特别是充分了解中世③日本人的赠答模式具有重要的理论意义与现实意义。

首先，本书的理论意义在于引入心理文化学的视角分析赠答模式。以往关于日本人的赠答模式研究，多从宏观角度对当代社会的赠答现象进行分析，其中义理、报恩成为中日两国研究者分析日本

---

① 〔日〕山崎正和：《社交的人》，周保雄译，上海译文出版社 2008 年版，第 183 页。
② 笔者沿用日本人习惯的表达方式"赠答"来表示礼物交换，中国学者在对日本人礼物交换的研究中也多用"赠答"一词。
③ 本研究所称的中世，是指 12 世纪至 16 世纪。

赠答模式的关键词，而本书以心理文化学为研究范式，根据赠者和答者关系的亲疏远近，将研究对象分为不同的圈层，分析在同一场合，不同圈层的赠答模式。因此，本书的理论意义是尝试性地引入心理文化学的视角，解析赠答现象背后的行为逻辑。

其次，本书的现实意义在于研究中世的赠答模式可以对分析当代日本社会的赠答模式起到一定的补充作用。中世初期是日本文化多元发展的时期。能乐、茶道、连歌开始普及地方，包括赠答在内的各种礼仪规范逐渐形成，之后，随着时间的推移，赠答礼仪得到发展，从 15 世纪开始赠答模式达到鼎盛期①，之后又回归于平稳，这一时期的赠答文化活跃，赠答行为频繁，赠答模式从这一时期开始确立之后，在近世、近代乃至当代逐渐过渡而来。因此，研究这一时期的赠答模式，可以对于我们解明中世的赠答模式在日本文化中的普遍意义以及当代价值提供一定的参考。

第二节　研究综述

日本自古以来就是一个赠答行为极为频繁的国家，赠答作为日本文化的一个显著特征受到广泛关注。关于赠答的研究历久弥新，不同的研究者从不同角度对赠答文化进行了解读，本部分主要梳理日本学者和中国学者关于日本赠答模式的研究现状。

一　关于赠答文化的研究现状

（一）日本学者的赠答文化研究

1. 民俗学的角度

柳田国男在《食物与心脏》中通过对日本人治疗针眼这一习俗

---

① 櫻井英治：《贈与の歴史学　儀礼と経済のあいだ》，中央公論新社，2011 年，第 220 頁。

的考察分析共食的功能。在日本很多地区存在为了治疗眼疾，去别人家要东西吃的习俗，例如，在岐阜县的东部去邻居家要茶喝，在长野县要吃别人家的饭团，在秋田县的雄胜郡要从三户人家要吃的东西，信州地区也有吃三家或七家东西的习俗，在下伊那要吃用七家的米做好的饭。但是现在正好相反，需要相互分享食物才能治疗疾病，也就是要把食物分享给平时不一起吃饭的人。比如，人去世的时候要做年糕、馒头之类的分给别人，招待客人，在聚餐中大家一起共享食物。无论是从别人那里得到食物还是给别人食物，都表明人们更重视吃同一食物这一点。无论是在京城还是以前的农村，主人不能一人享受美食美衣，一粒米、酒、盐、布都要分给众人，只有这样长者才会有力量，这也是力量的源泉。人们认为受疾病困扰的人是没有凝聚力才导致生病的。在当代社会，结合紧密关系的表现就是吃同一锅中的食物。柳田国男进一步对"もらう"（获得）一词进行考察，"もらう"并非全部是卑劣下贱的行为，有时可以满足对方精神上的要求，有时是表示自己的好意，与嗟来之食不是同一范畴，人们通过食物形成了密不可分的关系，这是人们社交中最原始的方式。通过这种行为，人们的心灵坚强，在孤立的生活中消除不安，获得自信，针眼不过是一个小小的疾病，但是其体现出的思想却是重要的。[①]

20 世纪 70 年代以后，不仅仅限于民俗学，其他领域的学者也开始从不同侧面对赠答展开研究，1978 ~ 1980 年日本国立民族学博物馆举行了大规模的"日本社会赠答数量统计研究"，伊藤干治、栗田靖之编著的《日本人的赠答》（1984 年）是此次调查的最终成果，该书收录了研究者基于不同角度所进行的研究。以下列举其中具有代表性的论文。

---

① 柳田国男：《食物と心臓》，《柳田国男全集 17》，筑摩书房，1990 年。

2. 赠答研究中的理论问题

（1）研究方法角度

别府春海的《对文化概念"赠答"的考察》一文从宏观角度对赠答概念进行分类。作者首先提出辞典中的赠答指"赠与答，赠礼与还礼，交换"或者"赠送诗歌或信件、物品等，以及返还"，这些定义没有充分解释赠答的概念，也没有充分说明赠答与日常生活中的——如给邻居送自己做的料理——分赠有何区别。在这篇论文中作者利用文化概念群的方法对赠答进行分类，别府将传统节日、冠婚葬祭与日常生活中的赠答分为神圣/非神圣、公/私、义理/人情、场面话/真心话，并指出，随着生活方式的变化，上述分类已不能涵盖所有的赠答模式，因此，需要进一步分析赠答的多样性。作者指出：第一，赠答的世俗化；第二，神圣与象征的分离，例如节日的宗教意义逐渐淡化但是还有象征意义；第三，象征的世俗化，例如结婚时夫妻喝交杯酒，仅有象征意义；第四，对概念的分离，比如，父亲节或母亲节赠送父母礼物，虽然用精美的包装包好，但这也不是"公"的赠答；第五，神圣与祝福的分离，例如，人们没有将新年与信仰相结合，但也会将新年作为喜庆的事情对待，相反，入学、就职等与信仰无关的事情也可能变成喜庆的事情。①

杉田繁治在《对赠答模式的考察》中指出，在日常生活中日本人经常使用的"赠答"一词比较笼统，从广义的角度讲除了礼物的赠予之外，也存在社会交换、献祭、结婚、服务、交流等行为。这些行为中存在"发送方"和"接收方"，二者之间有"物"的移动。如果将其定位为赠答的话可能会产生误解，因此作者认为使用"送受行为"一词比较妥当。关于赠答的研究方法，杉田指出问卷调查等社会学研究方法只能说明问卷调查等所体现出来的信息，并不能

---

① ハルミ・ベフ：《文化的概念としての"贈答"の考察》，伊藤幹治・栗田靖之編著《日本人の贈答》，ミネルヴァ書房，昭和59年，第18～44頁。

说明更深层次的原因，例如心理层面的原因。因此，作者提议先假定赠答模式，然后根据假定的赠答模式得出的数据与现实生活中的数据进行比较，再重新设定赠答模式。杉田的赠答模式分类参见表0-1。

表 0-1　赠答分类

人生礼仪性	空间的节点	土产、转勤、搬家
	时间的节点	结婚、生子、就职等
	心理的节点	爱情、向神佛祈祷、请客吃饭
互酬性		慈善、税金、提供劳动
交换性		贿赂、库拉交易

在具体分析每一种赠答模式时，作者认为需要考察事件、礼物及效果，即为何赠答，赠答的原因；具体送何种礼物；送受行为中，如果效果为正，那么赠予者处于优势地位，如果效果为负，那么赠予者处于劣势地位。[①]

（2）经济角度

端田信在《经济社会与赠答——以消费概念为中心》中认为，赠答是一种消费行为，因此从文化的理论与经济的理论两个角度对货币社会和非货币社会的消费行为进行比较，将货币社会的消费行为分为：第一，生活必需品＝市场价格；第二，社会必需品＝常识性的价格；第三，精神满足＝非价格。非货币社会的消费行为分为：第一，生活必需品＝扶助；第二，社会必需品＝交换；第三，精神满足＝赠予。作者得出的结论是，日本是对货币依存度非常高的社会，例如在赠答时使用新的金钱。[②]

---

① 杉田繁治：《赠答のモデル論的考察》，伊藤幹治·栗田靖之编著《日本人の赠答》，ミネルヴァ书房，昭和59年，第45～57页。

② 端田信：《经济社会と赠答》，伊藤幹治·栗田靖之编著《日本人の赠答》，ミネルヴァ书房，昭和59年，第100～125页。

（3）心理学角度

栗田靖之在《心理评价与互惠性》中通过大规模的问卷调查，分析以家庭为中心的人际关系，让每个家庭记述一年来的赠答，包括赠答的时间、赠答的礼物等。其从有用性与亲密性两个方面进行分析，也就是说判断该行为是否起作用以及该行为表现了多大程度的亲密性，通过这两个侧面来判断某一交换行为更偏向哪一层面。

以往的调查结果显示，如果接受对方的礼物不还礼，那么就会觉得亏欠对方，感到心理压力。但是，这次调查结果显示，从赠答的次数及金额来看，在亲密的关系中，赠与答的次数并不均衡。在亲密的关系中，收到礼物的次数要比送出的礼物次数多，金额也可能不均衡。在非亲密关系中，收到礼物的次数要比送出的礼物次数多，虽然从金额来看，一次性的赠答金额可能不均衡，但是从一年的时间段来看，赠答的金额是均衡的。数量的不均衡看似是为了保持双方的互惠性，但是在金额上日本人还是尽量保持均衡。

赠答关系的不均衡并不一定会导致地位的不均衡。如果是对自己有利的不均衡，那么可能会认为这是亲密关系的表现，但是如果这种亲密关系与不均衡不能成立时，就会出现不对等，感到亏欠对方。①

（4）与语言赠答的对比

小川了在《物的赠答·语言的赠答——二者的相似性与差异》中指出，莫斯论述的夸富宴的特征是上级将自己有形的财产送给下级，上级通过给予获得威望，通过不断的消费使自己一无所有，从而获得宽容、伟大等评价，保持至上的地位，而无形的财产如信赖、尊敬、权威则从下级流向上级。与此相对，日本现代社会中的贿赂正好与此相反。现代社会的贿赂是物质资源从下级流向上级，而非

---

① 栗田靖之：《心理的評価と互恵性について》，伊藤幹治・栗田靖之編著《日本人の贈答》，ミネルヴァ書房，昭和59年，第58~99頁。

物质资源，如信息、升职等从上级流向下级。作者认为，物的赠答与语言的赠答都是在明确的上下级关系中进行的，如果不能明确上下级关系，就不能进行正确的物的赠答与语言的赠答。传统社会中，社会秩序容易固化，为了避免社会失去活力，部落首领通过过度消费恢复到原始状态，产生出新的权威与秩序，如夸富宴，日本的"无礼讲"与其非常相似。在语言的赠答中也存在相似之处，一般情况下下级为了表明敬意向上级进行语言的赠答，但是在一些部落，新王即位时会受到人们的谩骂，如尼日利亚的一个部落首领在即位时会受到鞭打等，这也是使社会重新获得活力的仪式之一。①

（5）与西欧人的对比

H. 摩斯巴赫在《西欧人看到的日本赠答习俗》（1984 年）中，列举了一些日本与西欧不同的赠答现象，如西欧人不太注意还礼的时间与礼品的价格，而更注重对方是否喜欢自己所赠送的礼物。这是因为，受基督教的影响，西欧人更重视赠予而不是接受，他们认为利他行为会使人死后进入天堂，这也是一种均衡理念在起作用。在西欧，正式的赠答机会非常少，而日本的传统节日和人生礼仪等正式的赠答机会很多；在西欧不赠送金钱，仪礼化、格式化的礼物不受欢迎；日本人在赠送礼品时会用豪华的包装；1970 年盐月弥荣子的《冠婚葬祭入门》成为畅销书，但是在西欧这种书被认为是非常落伍的，会成为他人的笑柄。仪礼化的赠答是为了保持集团内部的"和"，即使这种"和"徒有其表，也没有人觉得不妥，但是在西欧，这种行为会被认为是"伪善的"；在西欧给上司送礼物会被认为是行贿。通过对日常生活中的种种现象的分析，摩斯巴赫认为：第一，日本人非常重视集团的连带关系，集团成员通过赠答保持集团的和谐。第二，赠答作为一种无声的交流方式起着非常重要的作

---

① 小川了：《物の贈答・言葉の贈答》，伊藤幹治・栗田靖之編著《日本人の贈答》，ミネルヴァ書房，昭和 59 年，第 126 ~ 152 頁。

用。第三，赠答中的持续性也是日本赠答的一个特点。第四，理想的礼物和实用的礼物之间没有区别，所以礼物中也有油等实用性很强的物品。第五，日本人对于赠答的仪礼非常重视。①

3. 人际关系角度

罗伯特·C. 马沙尔在《祝仪——战后日本农村赠予的革新》中对岐阜县 35 户农户构成的某半农业部落的赠予方式进行调查，发现这种赠予方式是第二次世界大战（以下简称"二战"）后兴起的，随着农业收入以外收入的增加，相互之间的经济依存度降低，强制体制消失，公共事业减少，作为组的一员通过对组的赠予表达自己的忠诚，并且随着二战前地主 - 小农构造的崩溃，二战后农户为了在部落中获得新的地位而扩大赠予的规模。对于赠予规模扩大化的趋势，农户的解释是因为通货膨胀以及利他行为，但是作者认为这与夸富宴有异曲同工之处，即为了获得更高的地位。②

须藤健一在《情报与地位的赠予、交换论——木匠集团的赠答分析》中以新潟县两津市锥泊地区以及周边村落的木匠集团为调查对象，通过分析木匠集团中师徒之间、木匠与房屋主人之间的物质赠答，信息、服务等非物质赠答，以及赠答同经济因素以及社会因素的关系，得出师傅与徒弟之间的赠答模式是，师傅为徒弟提供信息与地位，徒弟为师傅提供劳动力与物质。二者的交换具有以下性质：第一，二者的交换基于互惠性原理。师傅有为徒弟提供信息（技术、知识）及地位（资格）的义务，徒弟有为师傅提供劳动力及物质的义务。师傅仅在徒弟学习期间提供信息及地位，但是徒弟除了在学习期间提供劳动力之外，还要在长时间内提供物质方面的

① ヘルムート モーズバッハ：《西欧人からみた日本人の赠答風俗》，伊藤幹治·栗田靖之編著《日本人の赠答》，ミネルヴァ書房，昭和 59 年，第 154～175 頁。

② ロバート ·C. マーシャル：《御祝儀》，伊藤幹治·栗田靖之編著《日本人の赠答》，ミネルヴァ書房，昭和 59 年，第 176～202 頁。

赠予。第二，根据村落的规范，师徒之间在赠答礼物方面有一定的标准，即从长远来看趋于均衡化。但是，师傅提供的是"无形的财产"，对于师徒间的赠答与经济价值，双方的评价不同。第三，二者之间的经济不均衡可以通过社会性的报酬得到补充，即师傅可以通过收徒弟得到社会认可。木匠与房屋主人之间的赠予有三个特点。第一，二者之间的赠答与其说是互惠性的，不如说具有明显的支付工资的特点。房屋主人以礼金的形式赠予，金额并不固定，比较随意，也就是说二者的交换并不明确。第二，二者的交换并不仅仅以经济交换为目的，也是为了维持永久关系。第三，木匠在接受工作时，并不仅仅期待经济方面的回报，也非常重视社会上的评价。作者认为，赠予与交换并不仅仅是当事者之间的行为，也需要考虑当时的社会背景。①

　　大胡修在《赠予交换与亲族组织——冲绳波照间岛的事例》中通过考察冲绳波照间岛的赠予礼仪，分析社会亲属集团的行动及组织化过程。在波照间岛，亲属在日常生活中形成互助的模式。这种互助不仅在生产活动中发挥作用，在特定日期也发挥重要作用。该地区的亲属主要指兄弟姐妹以及表兄弟姐妹及唐兄弟姐妹。岛民根据自己的地位参与岛内的共同劳动或者礼品赠予。在赠答中，兄弟姐妹之间的礼品赠予占据重要地位。如果岛民外出打工，岛民之间的相互协作就会延伸到关系更远的亲戚之间。尽管岛民外出打工，但是他们还是会在特定的节日，如盆节、正月等回到故乡，赠送亲戚礼品，以增进亲属间的连带感。②

　　石森秀三在《死与赠答——对丧葬仪式礼账的分析》中以长野

①　须藤健一：《情報と地位の贈与・交換論》，伊藤幹治・栗田靖之编著《日本人の贈答》，ミネルヴァ書房，昭和59年，第203～233頁。
②　大胡修：《贈与交換と親族組織》，伊藤幹治・栗田靖之编著《日本人の贈答》，ミネルヴァ書房，昭和59年，第234～268頁。

县下伊那郡上乡町 M 家的赠答礼账作为分析对象，基于礼账的构成要素（时间、事件、何人去世、礼品、礼品的数量、送礼者）分析社会关系。通过对礼账的礼品、数量及送礼者进行分析，作者发现：第一，在该地的社会关系中，亲属关系占据重要位置，地缘关系与社缘关系占据次要地位。第二，在亲属关系中，儿媳一方、女婿一方、弟媳（或伯嫂）一方、妹夫（或姐夫）一方、妻子兄弟一方、妻子的妹夫（或姐夫）一方不仅赠送的礼品昂贵，而且数量较多，与此相对，上一代亲属赠送的礼品价格偏低。第三，亲属关系的远近与赠品数量、看望的次数呈正相关关系。也就是说，与死者关系最近的数量多，价格高，看望的次数也多。第四，对婚入方与婚出方的亲族比较后发现，婚入方的亲族中不仅参与的人多，而且关系较远的人也来参加葬礼，但是赠送的礼品价格偏低。与此相对，婚出方参与人少，仅限于近亲关系，但是赠送的礼品较昂贵。第五，氏神亲属在明治时期赠送的礼品昂贵，但是到了昭和时期，价格偏低，变为边缘化的送礼者。第六，地缘关系中，两邻在葬礼中发挥重要作用。第七，社缘关系中，媒人的儿子赠送的礼品昂贵。①

4. 历史人类学角度

崎宽德在《鹰与将军——德川社会的赠答体制》中，依据彦根藩井伊家及弘前藩津轻家的大名家文书、御鹰挂若年寄及鹰匠同心②的日记考察江户时代德川将军与鹰的关系。作者认为，将军的"御鹰"由进献者（弘前藩津轻家等），献给使用者（德川将军），使用者再下赐给接受者（彦根藩井伊家等），鹰在全国范围流通。进献者向德川将军表示忠诚，德川将军对接受者表示关心，对其功劳表示

---

① 石森秀三：《死と赠答》，伊藤幹治·栗田靖之编著《日本人の赠答》，ミネルヴァ书房，昭和 59 年，第 269~301 页。
② 若年寄是幕府中上级武士的一种职务名称，同心是下级武士中的一种职务名称。御鹰挂若年寄及鹰匠同心均指专门饲养鹰的武士。

肯定，接受者对德川将军感恩戴德，鹰作为将军权威的象征而被利用，成为象征忠诚、功劳、恩义的物品。同时，德川将军也利用"鹰守"统治、支配大名。例如，大名定期将鹰献给将军，进献者是固定的，将军的权威通过进献者而扩及全国。将军下赐的接受者也是固定的，只有幕府的顾问才能获此殊荣。作者也考察了鹰的猎物——鹤的作用。将军极为重视鹤的捕捉，这是因为除了宴会中使用鹤之外，将军还把鹤献给天皇。从家康开始，将军每年都将鹤献给天皇。将军还举办以鹤为食材的宴会，能够参加这种宴会对于大名来说是至高的荣誉。德川将军将传统仪式"鹰守"充分整合进支配体制。鹰及鹰守是权威的象征，也是统治大名的手段，同时，家康频繁地进行鹰守、鹰的献上下赐、以鹤为食材的宴会等，也表明了其对幕府创始者的憧憬。①

　　森田登代子在《近世商家的仪礼与赠答——对京都冈田家的葬礼与婚礼记录的探讨》中使用京都市药店经营者冈田家从安永元年（1772 年）至庆应三年（1867 年）的葬礼与婚礼的记录探讨仪礼习俗、仪礼文化及赠答文化。本书分为两部分，第一部分是对葬礼的考察，分析葬礼的准备工作及死者的服装、追善法会以及遗物的赠予等。作者认为，在追善法会的仪式上，进上品与到来物②反映当时赠答品的倾向及特征，赠答物品的背后也反映亲属及佣人阶层的序列关系。遗物赠予是指将死者生前使用的物品赠给亲属及佣人，这一过程折射出亲属关系的亲密程度及上下级关系，赠予遵循义理与均衡原则。第二部分是对婚礼、生子、领取养子的考察。该书使用民俗学的方法，对各种仪式上的赠答物品，如砂糖、酒、鱼等食品，扇子等生活用品以及金钱进行分析。作者认为，在近世的赠答习俗

---

① 崎寛徳：《鷹と将軍——德川社会の贈答システム》，講談社，2009 年。
② 进上品与到来物均指他人赠予的礼物。

中，衣服占有重要位置，邮票及砂糖作为礼品也受到重视。①

5. 赠答原理角度

本尼迪克特认为日本人普遍履行"报答性义理"，即对各种类型的人履行各种义务。"义理"严格来说是不可规避的报答规则，日本社会的"义理"观念和美国人偿还金钱的观念有相似之处，偿还义理被认为是一种精确的等量偿还。日本人的赠答禁忌是以更贵重的礼物来回赠，日本有一句俗语"以鲷（大鱼）还杂鱼之礼"②，这是对不懂礼数之人的揶揄。日本义理的另外一个特点与西方偿还金钱的习俗类似，如果偿还超过了期限，就需要加倍偿还，宛如它带着利息。③

源了圆在《义理与人情》中从赠答的角度阐释义理的形成背景，源了圆认为，义理最初产生的背景是对于好意的回报。如果插秧、收割时接受了别人的好意或得到了帮助，那么就会产生报答的念头，而施予好意的人也期待得到这种回报。同时，他们所属的那个群落中的人们，也都在观察好意是否得到了回报。现在日本农村中的"优依"（劳动协作）"茂雅依"（相互请客吃饭）等虽然名称不同，但在交换这一点上所指的内容相同，而这正是义理。农村中这种注重他人的行为，对室町时代的武士社会也有影响。当时有一本名叫《伊势贞亲教训》的处世格言书中说，"受人之物，应思回报"，由此可见，相互赠答的习俗在当时就已经确立了。④

南博在《日本人的心理 日本的自我》中认为，日本人的赠礼和回礼同交换名片一样具有相互确认地位的机能，不回赠本身也被

---

① 森田登代子：《近世商家の儀礼と贈答——京都岡田の不祝儀・祝儀文書の検討》，岩田書院，2001 年。
② えびで鯛を釣る 指不劳而获，或指仅投入少量的人力、物力而获得巨大利益。
③ 〔美〕鲁斯·本尼迪克特：《菊花与刀——日本文化的诸模式》，孙志民、马小鹤、朱理胜译，庄锡昌校，浙江人民出版社1986年版，第121页。
④ 〔日〕源了圆：《义理与人情》，李树果、王健宜译，王家骅校，天津人民出版社1996年版，第30页。

人看作一种问候，比如地位高的人收到下属的礼物，未必需要回礼。就是说不回赠，"零的交流"才表示了上下级关系。这时，表面上看好像只是单方面赠礼，实际上可以看作既有赠也有答。这样的赠答，作为确认赠方和受方微妙地位的方法，受到重视。特别是在季节性的赠礼和回礼中，礼品的种类、质量、品位、价格、赠送方式等综合地表现了对上司、长辈的敬意。馈赠礼品时，赠方必须考虑受方会对礼品和赠礼的方式给予怎样的评价。虽然明治二十年（1887年）有过虚礼废止的运动，但是这样的运动毫无成效，赠答反而一年比一年兴盛。日本赠答中的另外一个特点是，当今的大部分礼品是通过百货商店赠送的，海苔等定型化食品占首位，这是因为，海苔便于赠方选择。在馈赠的行为上，虽然考虑得很细致，但最终必须按不可改动的"型"去办。作者在此强调日本人按"型"行动的特点，人们通过依"型"而做减轻自我不确实感。只有他人和自己的关系经过定期的、定型的仪式得到确认后，人们才会有一种安心感。①

　　加藤秀俊在《习俗的社会学》中认为，日本社会是一个在各个方面都表现出均衡的社会，与西欧社会通过竞争打倒对方的方式不同，日本通过中间人达到某种形式上的均衡，日本的社会力学是一种通过第三方中间人而保持均衡的力学。例如，工会与经营者之间有中央劳动委员会，其作为中间人解决工会与经营者之间的冲突。均衡原则是日本人行为方式的准则，这种均衡在赠答方面的表现是赠答的双方互负义务，即互惠性。日本的赠答文化中的另一个特点是通过物的交换使赠答成立，例如，日本毛巾的生产量是实际使用量的 3 倍，之所以会出现这种情况是因为人们在赠送礼品时经常使用毛巾。另外，加藤认为日本的赠答类似于夸富宴，因为以前日本

---

① 〔日〕南博：《日本人的心理　日本的自我》，刘延州译，社会科学文献出版社 2014 年版，第 242 页。

有根据赠答物品种类的不同而加倍返还的习俗。①

法国人类学家古德利尔在《礼物之谜》中指出日本人的赠予倾向于均等交换。"日本的例证告诉我们，如果一种文化没有受到外来社会和文化的直接干预（甚至可以说是侵略）的深远影响，礼物赠予就会继续存在，与资本主义市场经济和利润逻辑的急速发展并存。日本的交换礼物传统可以回溯至数千年前，在社会的每个层面都实行，在每个人的日常生活中都起着可观的作用。所有重要的生活事件（出生、结婚、建房、死亡）都必须有礼物相送……这些普遍性的礼物交换，其基础和本原特征是每件礼物都要求着一件回赠礼物，回赠的礼物必须价值相等。如同贾恩·库比（Jane Cobbi）所写的那样，'在赠礼的价值或数量上，日本人不追求超过对方……如果超过的话，引起的可能是嘲笑或不快，而不是钦佩'。具有悖论意味的是，在那些关系很近的人们之间，是可以赠予'大礼物'的，因为此时所产生的不平衡不'被视为一种威胁'，不会影响到他们的亲密关系。所以，我们在这里就看到了一种普遍性的礼物赠予的形式，它与以冬季赠礼节为基础的经济和道德体系相对。"②

伊藤干治在《赠答的日本文化》中认为，日本人的赠答习俗有三个显著特征：第一，通过食物进行赠答；第二，赠答遵循"均衡原理"；第三，日本还保留"おう つり""おため"的习俗。"おうつり""おため"是指收到别人的礼物后，会马上送给对方一点小礼物，这表示：已收到礼物，他日会进行还礼。有人将"おう つり""おため"比作收据。伊藤干治通过对日本近代以后农村、城市习俗的考察，认为日本人的赠答可以分为"共时交换"和"通时交换"。共时交换是指神圣场合中的食物交换以及中元、岁末等相对短时期

---

① 加藤俊秀：《習俗の社会学》，PHP，昭和 55 年。
② 〔法〕莫里斯·古德利尔：《礼物之谜》，王毅译，上海人民出版社 2007 年版，第 183～184 页。

内的赠礼与还礼。与此相对，通时交换是指婚礼上的礼金与还礼，葬礼上的送香典与返香典这种时间较长的赠礼与还礼。①

（二）　中国学者的赠答文化研究

1. 心理学角度

尹作涛在《从礼物的赠答看中日国民心理的差异》中主要从中日两国国民赠答的目的、礼品的数量、赠答的原因、时间和价值四个方面分析中日两国国民的赠答差异。他认为，中国人在赠答方面往往比较功利化，送礼的对象或方向比较明确，在很大程度上被"人情"左右，觉得礼物的价值与彼此的情谊成正比。而与此不同的是，日本人有较强的集团意识，倾向于送礼的均一化，希望通过送礼与自己所属集团的所有人保持和谐的关系。此外，日本人将礼物视为"义理"，"义理"就像债务一样，收到了就得还。②

李彦在《从日本赠答习惯的历史变迁看赠答的文化心理》中将赠答习俗分为三个时期：第一，具有咒术性质的赠答习惯；第二，进入近世以后，赠答习俗重视均衡性和义理；第三，进入近代以后，随着商品经济的发展，赠答习惯也逐渐弱化了传统的咒术意义，向着世俗化的方向发展。通过对上述三个阶段赠答习惯的分析可知，日本的赠答习惯反映了日本人的求和心理。他认为，日本的和意识主要包含与神的和、与人的和以及与情的和三个要素，这三个要素丰富了和意识的内容，并且日本的赠答习惯所表现的和文化心理是日本人宗教意识和伦理道德的体现，表达了与万物求和的共生、共存的观念。③

孙欣欣在《从送礼方式看日本人的送礼观念》中，通过问卷调

---

① 伊藤幹治：《贈答の日本文化》，筑摩書房，2011 年。
② 尹作涛：《从礼物的赠答看中日国民心理的差异》，《科技信息》2013 年第 10 期，第 211 页。
③ 李彦：《从日本赠答习惯的历史变迁看赠答的文化心理》，《黑河学院学报》2012 年第 3 期，第 115 ~ 117 页。

查的方式考察日本人的还礼行为、还礼意识、义理与还礼的关系。其认为,日本人还礼的特点是及时性和对称性,由此可以看出日本人的"負い目"(负疚心理)在起作用。为了不感到"負い目",日本人迅速地还礼并尽量赠送与收到的礼物相当的礼物。与此同时,作者也将其同中国的赠答模式进行了比较,认为中国人的还礼是人情世界中的一种礼仪。中国的人情比日本的人情具有更广泛的意义,包含人际关系、报恩、面子等内容,中国人虽然也通过赠礼和还礼维系人际关系,但是中国人的赠礼和还礼并不遵循即时性和对称性的原则。①

樊丽丽的《从赠答习俗看日本人的"和"意识》从送礼习惯的程式化、回礼方式的及时性、赠答语言的客套性三方面入手,分析日本人在赠答习俗中所体现的求和意识。独特的地理、历史环境塑造了日本人的岛国人性格。他们在交际中总是体现着谨慎、小心、谦虚的态度。独特的赠答习俗不只是一种互赠礼品的行为习惯,更蕴藏着丰富的日本文化内涵,也反映了日本人强烈的求和意识。②

2. 民俗学角度

王梦琪的《现代日本赠答习俗的特征及其社会作用》分为三个部分,在第一部分中,通过分析当代赠答习俗,如情人节、中元、岁末等重大节日,其认为日本的赠答习俗表现出五个特征,即赠答对象广泛,赠答契机较多,赠答礼品具有实用性、观赏性和特定性的特点,赠答动机以及赠答时的态度与心理比较复杂。在第二部分中,作者对这五个特征进行分析,关于赠答对象,其将日本人的人际关系分为三个层面,亲属关系、义理关系与他人关系,在义理关系中,日本人是点对面的关系,所以,日本人的赠答范围较广。关于赠答契机,其认为是因为经济发展,日本人开始增加赠答的次数。

---

① 孙欣欣:《从送礼方式看日本人的送礼观念》,北京第二外国语学院硕士学位论文,2007年。
② 樊丽丽:《从赠答习俗看日本人的"和"意识》,《岱宗学刊》2010年第3期,第61~62页。

关于赠答的礼品，日本的礼品特征是实用性、观赏性和特定性。关于赠答动机，其认为，这主要出于日本人的娇宠心理。关于赠答时的态度与心理，其认为：第一，日本人的还礼意识较强；第二，日本社会逐渐城市化；第三，对于义理的态度发生变化；第四，人际关系逐渐淡化。综合前两部分的分析，作者在第三部分中分析了日本赠答的优点与缺点。优点是：赠答是人际关系的润滑油、促进经济发展；缺点是：给人际关系带来相反效果、成为生活负担、造成社会资源的浪费。①

刘清扬在《浅析日本的赠答文化》中简单介绍了日本赠答时的礼物特点及赠送礼品时重视包装的特色；接受礼物后一定要还礼，这是因为"义理"意识贯穿于日本人的行为之中；赠答的禁忌，例如日本人认为奇数是吉祥的数字，礼品的包装纸不能过于花哨，荷花是丧花，等等。综上所述，刘清扬认为，第一，与西方的个人主义相比，日本人更重视以家庭、亲属、集团、地域社会等为基石建立起来的人际关系，所以赠答对象相当广泛。第二，注重礼物的实用性与包装。赠答文化的社会意义在于：第一，人际关系的润滑剂；第二，带动了经济的发展。②

3. 历史人类学角度

李东辉在《浅析日本人的赠答习俗与义理——以"中元节"为例》中，首先利用现有的文献探讨"赠答习俗"和"义理"的产生及发展过程。其次利用日本"朝日啤酒顾客生活文化"研究所关于中元的意识调查数据，分析现代"中元节"中的赠答行为及"义理"意识的变化。李东辉认为，可以把日本人的"义理"理解为：第一，不仅仅限于"家"和"社会"，同时也涉及将来社会的"持续性"，是强化相互关系的一种手段。第二，赠答关系包括亲戚、朋

---

① 王梦琪：《现代日本赠答习俗的特征及其社会作用》，四川外语学院硕士学位论文，2011 年。
② 刘清扬：《浅析日本的赠答文化》，《知识经济》2012 年第 7 期，第 58 页。

友、师长、同事等。第三，日本人在赠送礼品的包装纸上写上"家族"的名字，这是因为"缺少私人领域"。第四，"侧重人际关系"主要指和某个特定的人之间的关系。第五，"感情的结合"指的是那些抛开个人利害关系得失的、纯粹的个人感情的关系，和这样的对象之间存在一种不间断的赠答行为。第六，"身份或等级制度的社会性"指的是在赠答的当事者之间存在上下级意识。李东辉进一步以中元节为中心考察赠答习俗的来源与发展以及义理意识与现代赠答习俗的特点。数据显示，中元节的赠答呈现多元化的趋势，现代社会中传统的"义理"意识对人们的束缚也开始弱化。现代日本社会由于生活节奏的加快和网络的发展，人与人之间的交流变得越来越少，因此一年一度的中元节逐渐演变成跟亲戚、朋友、认识的人和恩师等取得联系的机会。此外，近年来由于受废除赠答习俗风潮的影响，在公司内部下属给上司赠送礼物的情况已经逐渐减少。尽管如此，在中元节来临之际，仍有很多人因为"义理"意识的作用，给那些平时关照自己或家人的人赠送礼物。另外，受晚婚化和少子化的影响，"核家族"的比例逐渐增加，传统的以家族为单位的赠答行为也转变成以家庭为单位的赠答，即以往的重视地域共同体之间联系的赠答行为也失去了原有的意义。①

李彦在《从历史变迁的角度看日本人的赠答文化》中从民俗学的角度分析古代、近世、近代的赠答文化，通过对赠答的起源，如神人共食思想及赠品与宗教信仰的关系，发现古代人的赠答行为中有浓厚的巫术意味。进入近世以后，日本人开始注重赠答的仪礼性和均衡性，人们开始记载"祝仪账""非祝仪账"，这其中体现了人们的"义理观"。进入近代，人们的价值观有所改变，包装开始欧化，赠答的时机也出现变化，如情人节、母亲节等，除了中元、岁

---

① 李东辉：《浅析日本人的赠答习俗与义理——以"中元节"为例》，《日语学习与研究》2009年第3期，第113~119页。

末这种基于义理的赠答之外，还出现了基于人情的赠答，比如情人节、母亲节等。最后，李彦从"和"这一角度探究赠答文化的心理要素。其认为，古代的赠答行为是人与神的"和"，体现了对神的敬畏，近世是人与人的"和"，追求人与人的和谐相处，近代则体现了情与情的"和"，即重视他人的感情。①

4. 中日比较角度

关向娜在《中日送礼文化比较》中考察中日两国送礼的时间，礼品的选择、包装，送礼时的表达方式，禁忌等，主要分析隐藏在背后的两国社会文化及国民心理。其认为，中国人在赠送礼品时目的性更强，而日本人给每个人送礼，是一种集团意识的表现。其通过考察回礼时的差异，如回礼的时间、回礼的价格等，认为中国人的送礼文化受"人情"支配；日本人的送礼文化受"义理"支配，即不想欠别人人情。②

马晓威、秦颖在《从赠答礼仪看中日两国社会交际文化的相异性》中认为，所谓的"赠答"，即相互赠送礼物。在当今人类社会中，人们通过相互赠送礼品来表达自己对对方的好感与敬意，用于增进彼此之间的感情，协调与周围人之间的人际关系，拉近人与人之间的距离。赠答不仅具有强化集团内部、家人、亲戚、近邻之间关系的作用，同时还具有维持集团内部秩序的作用。因此"赠送礼物"已经成为人与人交往时的"润滑剂"。在当今人类社会中，赠送礼物作为一种交流的媒介，已经成为一种司空见惯的文化现象，并且逐渐成为人与人日常交往时必不可少的一种交流方式。作者通过考察中日两国赠送礼物过程中的异同点，分析背后隐藏的两国国民社交心理的异同：在日本，人们出于"义理"，相对于所送礼物的内容更注重礼物的外在包装；而在中国，人们出于"人情"，更多地考虑所

---

① 李彦：《从历史变迁的角度看日本人的赠答文化》，西安外国语大学硕士学位论文，2011 年。
② 关向娜：《中日送礼文化比较》，东北师范大学硕士学位论文，2011 年。

送礼物的内容，通过送礼来维系彼此之间的感情。①

二　中世赠答模式研究

以笔者之管见，目前日本学界对中世这一时期日本人赠答模式的研究极少，仅有两部专著以及一篇学术论文。

（一）民俗学角度

盛本昌弘在《赠答与中世的宴会》中采用民俗学与历史学的方法对中世的赠答及宴会的特点进行分析。其重点阐述以下四点。第一，以接待客人为目的的宴会的特点，如三日厨②、吉书宴③、乘船宴④、旅笼振舞⑤；第二，室町幕府的节日与赠答关系，如五节供的赠答、七夕的赠答、重阳的赠答、八朔与岁末的赠答；第三，中世关于海鲜的赠答，如虾、鲫鱼、鲸鱼、节料烧米、昆布、海苔、海带等；第四，甜品的赠答，如柚子、柑橘、砂糖等。同时对宴会及赠答时使用的物品性质进行阐述。盛本昌弘认为，通过阅读中世及近世的日记，可以发现具有往来关系的人频繁地赠送礼物。不仅是传统节日等特殊时期，日常生活中的赠答也极其盛行。中世人们利用赠答时的物品维持生活。例如，地方官员将鲸鱼作为贡品赠给信长及北条氏，信长和北条氏会再分给下属；足利义持生病时想吃蜜柑，下级武士奔走为其寻找，作者认为，这并不是附炎趋势，更多

---

① 马晓威、秦颖：《从赠答礼仪看中日两国社会交际文化的相异性》，《剑南学院（经典教苑）》2013 年第 1 期，第 257～258 页。

② 平安时代后期，庄园开始增加，住在庄园的下级庄官会款待庄园的实际经营者"预所"或庄园领主派来的使者，这种宴会被称为"三日厨"，下级庄官宴请的同时要赠送礼品，这些礼品被称为"引出物"。

③ 朝廷、幕府、公家等在年初、更改年号、改朝换代或者新就任某职务时，制作文书，这种文书被称为"吉书"，吉书宴指送给天皇或将军吉书的仪式。

④ 代官乘船从京都来到地方，再乘船从地方回到京都。来时的宴请叫作"三日厨"，回去时的宴请叫作乘船宴。

⑤ 旅笼振舞指御家人来到镰仓时举行的宴会。举行宴会的主人有两种，一种是当地的主人，另一种是御家人自己。

的是为了实现共同的目的，人们一起努力。①

（二）社会关系角度

　　樱井英治的《赠予的历史学　仪礼与经济之间》是中世赠答研究的一部力作，其通过中世公家日记《天文日记》《看闻日记》等，从经济学、人际关系的角度考察赠予与税、赠予与经济的关系，进一步明确中世赠予的特点。该书考察内容如下。第一，该书以赠予与税的关系作为切入点考察中世日本人的赠予。作者认为，室町时代，幕府的财政中存在"守护出钱"，即大小守护给将军提供的分担金。守护出钱的思想源自互助（"トブラヒ""タテマツリモノ"）。"トブラヒ"是亲戚等关系比较亲密的人之间的赠予，如果某人需要花费较多的钱，其他人就会对其进行援助。"トブラヒ"是关系对等之人的互助，"タテマツリモノ"是下级对上级的赠予。第二，中世之人频繁地进行赠予，如果赠予时对方不懂礼数就会马上指出或者通过不回礼表示自己的不满，但是这种不满并不会涉及对方的人品，即只要对方改正就马上可以恢复良好的关系。反之，如果对对方的赠礼非常满意，也并不会就此对对方怀有感激之情。作者认为这是中世赠予的非人格性所造成的。赠予是一种定型化的行动模式，具有非人格性的特点。第三，中世之人在赠予时重视"相当"原则，即交换相同数量的相同物品。第四，贵族阶层中极端的赠予方式是贵族由于生活拮据，会从将军的妻子那里借来礼物赠予将军。第五，在中世，赠予与经济不可分割。赠答仪礼成为调配物资的手段，作者称中世的财政为"赠予依存型财政"，赠答仪礼成为调配物资的手段。第六，在中世，贵族阶层穷困潦倒，为了赠予而开始赠予"折纸"，"折纸"类似于当今的"打白条"，这种"折纸"可以让渡，相互抵消。

---

　　①　盛本昌弘：《赠答と宴の中世》，吉川弘文館，2008 年。

对于上述赠予的特点，作者认为：第一，在日本，"先例"的力量强大，人们都是按照先例行事。第二，将军在权力形成期时，出手"阔绰"，经常将他人赠予的东西赠给其他武士，作者并不认为这是出手阔绰的表现，而是因为将军赠予的东西都来自他人，自己并无任何损失；而在权力稳定期，将军则不会赠予，也不会回礼，而武士及贵族依然赠予将军礼物，这是因为将军处于统治者的地位，将军接受自己的礼物就是对自己的一种恩赐，同时下位者希望通过赠予而得到"安堵"①。第三，对于上述第四种赠予方式，作者认为，中世之所以会有这种赠予方式是因为有一种看不见的力量在起作用，这种力量也许是"先例"，也许是"法"，甚至是想象中的监督者，例如神或祖先的灵魂。②

远藤基郎在《中世互助赠予与收取——以互助为中心》中，主要考察互助（トブラヒ）在人际关系中的作用。互助是指下级对上级及处于同等关系的人的扶助，当出现火灾时，或皇族参加祭祀、寺僧的法会等需要较多的费用时，与当事人相关的人会赠予当事人金钱或物品，这是因为当某人需要很多费用时，其他人如果不对其赠予会受到责难，这是人们的一种义务。同时互助也成为税的一部分。

通过对先行研究的整理可以看出，日本人的赠答研究数量颇丰，角度多元。二战前的赠答研究主要以柳田国男的民俗学考察为主。尽管柳田国男的研究贡献在于对散落在民间的赠答行为进行归纳、整理，内容止于对现象的描述，但是其研究视角给后来者带来诸多启发。二战后，关于赠答的研究无论是在质上还是在量上都实现了突破。研究视角涉及民俗学、心理学、经济学等，研究内容更是百花齐放，既有历时层面的研究，又有共时角度的

---

① 保障权利之意。
② 樱井英治：《贈与の歴史学　儀礼と経済のあいだ》，中央公論新社，2011 年。

分析；既有地域性的视角，又有全局性的概括；既有抽象理论的升华，又有具体案例的剖析。而关于中世赠答研究方面，无论是《赠答与中世的宴会》，还是《赠予的历史学仪礼与经济之间》都是研究中世赠答模式的力作，特别是中世史研究大家樱井英治在《赠予的历史学仪礼与经济之间》中通过公家日记，用言简意赅的语言高度提炼出中世赠答行为在经济方面所发挥的作用，虽然该书篇幅不长，但句句都是论点，字字都是精华，值得深入玩味。另外，中国学者也围绕赠答展开多元化的研究，并从国民性、中日比较等角度解释行为背后的逻辑。

尽管关于日本的赠答研究硕果累累，成绩斐然，但是还存在一些问题需要深入挖掘。首先，对于赠答原则，几乎所有先行研究都从义理这一角度一言以蔽之，很少看到更多元的解释。其次，关于历时的研究较少。研究中世、近世的赠答著作寥寥数部，还有必要通过其他史料深入解析古人的赠答模式。最后，目前国内关于赠答研究的数量较少，这说明，关于日本人赠答模式的研究还没有引起国内学者的重视，对于这一领域的研究还有必要进一步深入。因此，笔者希望在综合日本学界与中国学界有关赠答模式的先行研究的基础上，从心理文化学的角度对中世日本人的赠答模式做更为多元的探讨。

第三节　研究方法与研究文献

一　研究方法

本书在马克思主义理论的指导下，借鉴心理文化学、历史人类学的方法进行研究。心理文化学是从现代心理人类学分离出来的、以心理和文化相结合的视角和方法，从事大规模文明社会比较研究的学问。心理文化学侧重关注与人的心理和行为方式相关的那部分文化。心理文化学以心理与文化相结合的视角，整体、动态地把握人，提出"基本人际状态"和"心理社会均衡"两个新概念，前者指人的生存状态，后者指人的心理和社会动态均衡的原理。基本人际状态由文化所模塑，每个文明社会都有经过文化模塑的、占优势地位的基本人际状态。第一大类基本人际状态是以强调人的"个体性"为特点的"个人"形态。第二类基本人际状态以强调人的另一属性——相互性——为特点。基本人际状态是整体把握社会和文化的最小单位，心理文化学以此为基础操作单元，对大规模文明社会进行比较研究。本书主要考察的赠答模式属于基本人际状态——情感控制维度、自我认知维度、交换维度、集团维度四个维度中的交换维度。

在分析日本人的交换维度时，心理文化学认为日本人对于不同的圈子实行不同的交换法则。第一个圈子是"身内"圈子，这是由关系最亲密的人组成的、最富有情感的交换圈子。这是一个可以娇宠的圈子，交换法则是娇宠法则。娇宠法则的特点是：第一，存在明显的地位差，是一种高位者提供好处、保护，低位者提供服从、献身、尊敬并可以撒娇、依赖的关系，比如幼年儿子对母亲的依赖。第二，娇宠关系并不仅存在于亲属之间，与非亲属成员之间也可以建立娇宠关系，即非血缘关系者亦可进入娇宠圈子。例如公司中上司与员工的关系、教师与学生。第二个圈子是朋友圈子，这个圈子的人相互认识或熟悉，有一定感情投注，对来自他人的好意需要感谢和还报，但不亲密，情感的浓度没有达到可以娇宠的程度。这是一个需要深思熟虑的世界。这个圈子的人的交换实行义理法则。义理是一种促使人们维护交换的平衡、维护人际关系稳定的规范。第三个圈子是他人圈层。他人处于人际关系圈子的最外一层，它既不是人情世界也不是义理世界，而是一个情感最淡薄或根本不需要投注情感的世界。一个人如果得到了属于他人的好处，就必须马上偿还，当场两清。

　　本书在借鉴心理文化学的基础上，将人际关系分为拟血缘圈层、伙伴圈层、他人圈层。拟血缘圈层类似于心理文化学中的"身内"圈层，但本书分析的拟血缘圈层不包含具有血缘关系的人，而是亲密的程度类似于至亲，交往频繁，感情极为深厚的圈层；伙伴圈层指亲密程度弱于拟血缘圈层的人，自我与伙伴圈层的人具有一定的社会关系，需要基于义务或道德规范进行往来，交往是定型化的，感情并不深厚；他人圈层即心理文化学中的他人圈层，是以自我为中心最外层的人，二者虽然进行交往，但毫无感情而言，交往是即时的、短暂的。以自我为中心，与不同圈层的人的关系如图 0 - 1所示。

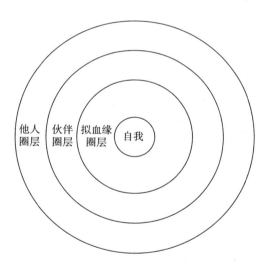

图 0 - 1　以自我为中心的不同圈层示意

　　由于本书从纵向的角度研究赠答文化，因此笔者在借鉴心理文化学的同时，也使用历史人类学的方法进行研究。蓝达居在《历史人类学简论》中指出，历史人类学强调文化的历史向度，这是在批判人类学的"无时间感"中提出来的。随着学科的发展，一方面，人类学家意识到世间从来没有"无历史"的文化；另一方面，人类学家面临研究具有长久历史传统、复杂社会的需要，因此越来越多地意识到历史学在社会人类学中的地位。笔者研究的是中世日本赠答模式，需要纳入历时的视角，因此在借鉴心理文化学的研究方法的基础上，也参考历史人类学的方法进行研究。

二　研究文献

本书的研究文献是中世公家日记，由于中国学界基于公家日记的系统性研究较少，因此笔者首先对公家日记做一简单介绍。从平安时代开始，人们就已经有在日历上记日记的习惯。日记根据书写的形式可以分为日次记（即一般意义的日记）、历记（自平安时代中期以来，人们习惯在日历的空白处记载事项）、别记（如果需要记述的事项很多，无法全部记载于一处时而写在另外一处）。

记日记的人叫作记主，根据记主可以将日记分为贵族日记，如藤原道长的《御堂关白记》；寺院禅僧日记，如《满济准后日记》《大乘寺社院杂事记》以及武家日记，如《驹井日记》等。

根据编撰目的，日记可以分为公的日记与私的日记。公的日记，如藏人写的藏人日记，外记写的外记日记等，这些日记主要记录朝廷的仪式。私的日记主要是记主记录发生在生活中的大事小情。这些记述也并非随意而为，而是有一定的目的。第一，在古代日本，举行重大的仪式时后代经常要参照先例，比起政务、仪式的内容，人们更重视仪式的形式和礼仪，因此记主在日记中会将礼仪事无巨细地记述下来，传给后代，避免后代在举行仪式中出现不妥的行为。这些私的日记对于后代具有重要的参考价值。第二，在平安时代后期，官职已经世袭化，承担国家机能的"家"已经形成，一个"家"能否达到世袭的地位，前人是否能将官职传承给后代，一项重要的标准即是否被看作"日记之家"，也就是"家"是否有日记。如果有日记的话，证明这些知识被传承下来，关于职务上的知识丰富，朝廷授予这一"家"人职务是合适的。因此，记主为了将必要的职务上的知识和技术通过"家"传承下去，会详细记载各种礼仪的形式、注意事项等。① 由于公家日记具有重要的价值，自古以来资料极为丰富，保存完整，因此笔者以公家日记作为研究文本，其中笔者主要选择《看闻日记》《满济准后日记》作为材料。

（一）《看闻日记》介绍

《看闻日记》的记主为伏见宫贞成亲王（1372～1456 年），《看闻日记》记述的年份为应永二十三年（1416 年）至文安五年（1448 年）的三十余年，其间有九年缺失。《看闻日记》分为六卷，记主贞成亲王按照编年体的形式详细记载了伏见宫一族历年的重要仪式、日常生活以及所见所闻，也事无巨细地记载了公家②之间，公家与武家③、寺家④、地下众之间的赠答时间、赠答物品、赠答的原因，对于赠答缘由等，贞成亲王也会直抒胸臆，谈及所感所想。《看闻日记》不仅是重要的政治史的资料，也是珍贵的文化史资料。由于这部日记较为完整地呈现这一时期的赠答模式，所以笔者主要依据《看闻日记》分析中世不同圈层的赠答模式。笔者使用的文本是，宫内厅书陵部编《看闻日记一》至《看闻日记六》，明治书院，2012 年。

（二）《满济准后日记》介绍

《满济准后日记》又名《三宝院准后日记》，《满济准后日记》的记载年份为应永十八年（1411 年）、应永二十年（1413 年）至永享七年（1435 年）。

---

① 这一部分资料参考元木泰雄、松園斉编著《日记で読む日本中世史》，ミネルヴァ書房，2013 年。
② 公家指贵族集团。
③ 武家指武士集团。
④ 寺家指僧人集团。

　　《满济准后日记》的记主满济出生于今小路家，在门阀上来讲是道平、良基等著名文人贵族的二条家的分支，也是大门阀九条道家的分家；从广义来讲与一条家也是同族，满济是摄关家九条家谱系上的分支。满济的生父是今小路基冬，母亲是静云院，生父于满济六岁时去世，满济在幼年时期成为足利义满的养子。满济之所以成为足利义满的养子是因为其继母曾经侍奉过足利义满的正室日野业子。应永二年（1395 年）十一月二日满济被选为醍醐寺三宝院①门迹，同年成为醍醐寺座主。室町时代是王法、佛法相互依存的蜜月期，在这一背景下，公武统一政权成立。而满济作为醍醐寺寺主、三宝院门迹开展宗教活动，其中重要的活动之一即作为武家护持僧举行五坛法。除了宗教活动之外，满济的另外一项重要活动是参与幕府的政治。满济侍奉过义满、义持、义教，作为"黑衣宰相"是"公家、武家的媒介"。"公家、武家的媒介"指满济作为公武体制的融合论者，在中世政治和军事方面发挥调停者的作用。② 满济去世时，贞成亲王在《看闻日记》中评价其为"天下的义者"。

　　笔者使用的文本是《满济准后日记》（上、下，续群书类从完成会，昭和 33 年）。由于《满济准后日记》相较于《看闻日记》跨越年代短，篇幅短，而且主要内容以宗教活动和政治咨询为主，因此作为对《看闻日记》的补充，笔者基于《满济准后日记》主要分析武寺之间以及寺家之间的赠答模式，这类赠答模式仅作为参考，并不作为主要分析对象。

　　本书主要研究的时期为应永十八年（1411 年）至嘉吉三年（1443 年），这一时期的幕府执政者为第四代将军足利义持（1394 ~

---

①　属于醍醐寺的院家之一的三宝院是平安后期真言宗的僧人胜觉建立的寺院。天承年中是鸟羽上皇的祈愿所。真言宗分为洛西的广泽和洛南的小野。在建长二年，醍醐寺三宝院的三宝院流成为小野流的正统。

②　森茂晓：『満済』，ミネルヴァ書房，2004 年。

1423 年）、第五代将军足利义量（1423～1425 年）、第六代将军足利义教（1428～1441 年），天皇为称光天皇（1401～1428 年）、后花园天皇（1419～1470 年），上皇为后小松上皇（1377～1433 年）。本书主要分析公家、武家、寺家的赠答模式，笔者之所以选取公家、武家、寺家作为研究对象首要的原因是史料丰富。如前所述，笔者使用的文本是公家日记，公家日记内容翔实，保存完整，因此将公家、武家、寺家作为研究对象具有可操作性。另外，研究公家、武家、寺家的赠答模式可以解明中世的赠答特点，文化是自上而下传承的，上位者构建文化，下位者模仿文化，在赠答文化方面，公家、武家、寺家也同样发挥了重要作用，因此以公家、武家、寺家为研究对象可以构建中世赠答模式。

本书中的幕府执政者主要为足利义持、足利义量、足利义教，每个时期幕府对待公家的态度都不相同，围绕皇位继承问题，公家集团内部也经常出现对立的情况，某一公家、武家、寺家势力联合对抗政敌的情况也不少见，因此，不能简单地说三者是对立或合作关系，只能在一种框架中进行论述，即尽管武家集团处于上位，公家集团从属于武家集团，但是由于公家集团的权威性，武家集团也要时刻注意维持与公家集团的关系，因此二者是一种相互利用、约束的关系，而非简单的统治与被统治的关系。同时，本书中的公家、武家指广义的公家集团与武家集团，这是因为，笔者将贵族的近臣等也纳入研究范围，因此，本书中的公家集团并非处于权力核心的朝廷与幕府，而是分别指贵族与武士这一阶层。另外，尽管笔者将寺社统一作为寺家集团，但是不同的寺院或与公家集团关系亲密，或与武家集团关系亲密，笔者针对具体的寺院进行具体分析。

第四节　章节安排

赠答是一种复杂的社会行为，是赠方与答方基于某一目的，在某一契机之下进行的礼物交换。关于赠答模式的分类,根据赠答对象的不同,可以分为:①神人赠答;②人与人之间的赠答;③国家之间的赠答。根据赠答的不同场合,可以分为:①仪式性场合的赠答,比如传统节日、人生礼仪等;②非仪式性场合的赠答,比如日常生活中的礼物馈赠、走亲访友等。根据赠答的不同原则,可以分为:①义理原则,例如中元或岁末等仪式性的赠答;②人情原则,亲戚朋友之间充满感情的赠答。无须赘言,以上分类都是对赠答行为所进行的大致分类,任何分类方式都不可能将所有赠答行为完全网罗。

本书研究的赠答行为仅限于人与人之间的赠答,研究的场合分为仪式性场合、非仪式性场合。所谓仪式性场合指人生节点、重要仪式等正式场合。在仪式性场合,社会成员无关个人感情,依据社会规范,基于各自的立场,赠送符合自己身份的礼物。无论在中世,还是在现代社会,仪式性场合都是充分体现日本赠答特征的重要节点。

与此相对,非仪式性场合指非正式场合,其情况多样,根据不同的赠答目的可以分为:①以联络感情为目的的日常交换,如食物的赠答、梅花的赠答;②以援助为目的的赠答,如物品的赠予;③以获取私利为目的的进献,如贿赂。笔者按照《看闻日记》《满济准后日记》中赠答行为出现的频次及重要程度将非仪式性场合分为日常交往、援助性场合以及功利性场合(具体分类详见图0-2)。

本书主要分析公家、寺家、武家在不同场合赠送的礼物以及所遵循的赠答原则,具体章节内容安排如下。

导论部分在阐述本书研究意义的基础上,从日本学者的研究、中国学者的研究两个角度对日本赠答研究进行梳理,之后,提出本书的研究方法以及研究文本,由于本书研究的时期为中世,使用的史料是《看闻日记》《满济准后日记》,这两部日记鲜为人知,对此

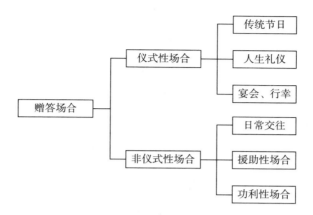

图 0 - 2　赠答场合的分类

进行了详细的说明，最后简要说明本书的章节安排。

　　第一章主要分析传统节日中八朔的赠答模式，以心理文化学为理论工具分别分析《看闻日记》《满济准后日记》中记主与近臣、公家、寺家、武家之间赠答的礼物、时间的节点等，最后总结出不同圈层在传统节日中的赠答模式。第二章考察人生礼仪中的赠答模式，分别考察贞成亲王在受封领地、乔迁、"御鱼味始"① 等不同场合中与不同阶层之间的赠答特点，总结中世日本人在人生礼仪中的赠答特点。第三章主要考察茶会、行幸等场合中的赠答行为，分析礼物所具有的特点，提炼出这一场合中的赠答模式。在第四章、第五章日常交往的赠答中，分为食物的赠答与梅花的赠答两种情况进行考察。在这两章中依然遵循前几章的研究路径，分别分析贞成亲王与不同阶层之间的赠答行为，并与现代日本社会中食物赠答习俗进行比较，总结中世食物赠答的特点。在梅花的赠答中，笔者在考察贞成亲王与近臣、寺家、武家、地下众之间赠答行为的基础上，分析梅花的赠答意义，提出日本人的"格"意识。第六章主要考察援助性场合中的赠答行为、礼物的特点，总结援助性场合中的赠答

---

　　① 　初次吃鱼的仪式。

模式。第七章主要考察功利性场合中的赠答模式，主要以"安堵"
为例进行考察，分析不同阶层在不同场合的赠予，最终总结功利性
场合中的赠答模式。第八章对本书进行总结并提出中世赠答模式在
日本文化及民族性格方面的普遍意义及当代价值。

第五节　创新点与不足

本书的创新点在于：首先，文本角度的创新。中国学界限于资
料的稀缺性以及研读的难度，目前较少有学者通过中世的资料进行
系统的日本文化研究，而笔者将公家日记研究作为研究文本，从文
本角度而言，本书进行了新的尝试。其次，选题角度的创新。笔者
通过公家日记分析中世日本人的赠答模式，以往无论是日本学界还
是中国学界都鲜有前人做过如此的尝试。日本史学界多将中世的公
家日记作为考察政治结构、经济形态、社会生活的文本，而鲜有人
分析中世的赠答文化。另外，尽管在人类学领域对日本赠答文化的
考察层出不穷，但研究者多使用近代以来的数据，或通过田野调查
或基于对当代日本社会现象的分析，尚未有研究者基于中世的史料
考察日本的赠答文化。最后，从学术观点看，笔者提出了很多创新
性的观点。笔者在第一章分析传统节日中的赠答模式时，提出了赠
答文化中的"耻"意识、"相当"原则。在第二章分析人生礼仪的
赠答模式时，提出了刀、剑在赠答中的作用。在第三章宴会、行幸
的赠答中，分析炫耀性赠予所起的作用。第四章中分析食物赠答时，
提出日本特有的食物赠答文化并非仅仅源自神人共食思想，食物赠
答所起到的关系确认作用也不可忽视。在第五章梅花的赠答中，提
出了日本人的"格"意识这一观点。

在本书中，虽然笔者进行了一些富有挑战性的尝试，但终因学
术积累尚浅，还存在很多不足。在浩如烟海的公家日记中，囿于时

间、能力有限，笔者仅考察了两部公家日记，主要以《看闻日记》
为主、《满济准后日记》为辅考察了中世公家、寺家以及武家的赠答
文化，但由于《看闻日记》的记主贞成亲王为公家贵族，该日记中
所记载的赠答习俗主要以公家贵族阶层为中心，因此，本书对于寺
家之间、武家之间的赠答几乎没有涉及。在今后的研究中，为了更
加全面立体地呈现中世日本人的赠答模式，还需要通过其他文本考
察寺家、武家、庶民这三个阶层的赠答模式，只有将公家、武家、
寺家、庶民所有圈层的赠答模式纳入研究视角，才能搭建起完整的
中世赠答模式。

第一章

传统节日中的赠答模式

八朔是日本传统节日①之一，源于农村习俗，当田间劳作告一段落，即将进入秋收的时节，即八月一日左右，农民会举行驱虫逐鸟等祈祷丰收的仪式，对一年来协助自己耕作的田神或近邻表达感激之情。农民相互赠送农作物，也赠送牛马、茶碗、锅等物品。随着时间的推移，八朔的仪式逐渐发生了变化，现在人们在八月一日供奉小花粥，相互赠送八朔玩偶，有些地方将八月一日称作"马节句"，在这一天装饰马，向近邻或亲戚赠送礼物以祈求子女的健康，跳八朔舞或吃八朔粟饼等，庆祝形式多样，内容丰富。

在室町时代八朔也是重要的节日之一，居住在京都的公家、武家、寺家在八朔相互赠送礼物。七月中旬，幕府发出消息后，公家集团、武家集团在七月末将八朔这一天赠答的物品准备完毕。八月一日上午，幕府通过传奏将礼物送给天皇及上皇，内里和仙洞同时还礼。摄家、门迹②、公家、大名、外样、御供众③、番众④、奉行

---

① 《看闻日记》中传统节日的赠答主要是八朔和岁末年初的赠答，其中八朔规模大、涉及范围广，而岁末年初的赠答最初仅是贞成亲王与近臣、地下众之间的赠答，从永享四年（1432 年）才开始出现贞成亲王与室町殿、后小松上皇之间的赠答，由于其规模及范围都不及八朔，八朔更具有代表性，所以笔者在这一章中以八朔为例分析传统节日中的赠答模式。

② 皇族或贵族担任主持的寺院或指主持这一职位。

③ 室町时代的一种官职，将军外出时服侍将军。

④ 将军御所的警卫。

等向幕府进奉礼物，地下众[①]、职人、牛饲、河原者[②]、散所者[③]也进奉符合自己身份的礼物。将军在当日或八月二日之后还礼，回赠的礼物一般也会符合对方的身份。赠答从八月一日持续到八月三日，为期三天。室町时代初期，幕府送给朝廷的礼物比较多样化，在足利义政时期，礼物以太刀、马为主。[④]

众所周知，室町时代初期幕府的统治极不稳定，公家、武家、寺家的势力此消彼长，相互妥协竞争，因此，八朔作为确定彼此关系的重要节点受到公家、武家、寺家阶层的重视，人们对于赠礼、回礼的时间、礼品 [被称作"御憑"（おたのみ）] 的种类、数量都极为谨慎，在赠答中严格遵循特定的交换原则，因此，通过对八朔的分析，可以总结提炼出传统节日中日本人的赠答模式。

第一节　公家集团之间的赠答

一　贞成亲王与近臣之间的赠答

在八朔这一场合中，近臣赠送的礼物并不贵重，多为一献，贞成亲王回礼的时间和物品也不确定，没有回礼的情况也较多，对于女中对御方（三条实继女）[⑤]、近卫局（日野西资国女）[⑥]、今参（庭田幸子）[⑦] 等人的回礼也通常使用从室町殿及内里得到的御服，如应永二十四年（1417 年）、二十五年（1418 年）、二十六年（1419 年）的回礼；如果没有从室町殿及内里处得到御服，贞成亲王则不进行回礼，

---

① 农民、庶民或民众。
② 中世对贱民的一种称呼，这些人在不需要纳税的土地上耕种，养殖牛羊，手工业者和艺人也被称为河原者。
③ 向贵族或寺社提供劳动力而被免除年贡的人。
④ 二木谦一：《中世武家儀礼の研究》，吉川弘文館，1985 年，第 104 頁。
⑤ 荣仁亲王仕女。也叫东御方。
⑥ 荣仁亲王仕女。
⑦ 贞成亲王仕女。

如应永二十八年（1421 年）。如遇到特殊情况，贞成亲王也会主动赠送礼物，如应永二十八年（1421 年）八月四日条，"三条大納言八朔礼多年被進之处、室町殿被停止之間自去年被止之、若次求敷如何、停止無念之間、当年自是遣之"。① 一直以来向贞成亲王赠送礼物的三条大纳言在应永二十八年（1421 年）这一年没有赠礼，不知是否因为室町殿要求停止赠送八朔礼物，于是贞成亲王主动赠送礼物，而次日，三条大纳言立即以重宝回赠。

另外，寿藏主②从应永二十三年（1416 年）开始在八朔这一天赠送礼物，而应永二十六年（1419 年）、二十七年（1420 年）、二十八年（1421 年）则停止，应永二十九年又开始赠送，应永三十年（1423 年）又停止，应永三十一年（1424 年）再次开始赠送，贞成亲王对此感叹道："寿藏主八朔礼一献持参、一両年中絶之处再興、神妙也。"其对于寿藏主的反复无常感到匪夷所思（见表 1-1）。③

表 1-1 贞成亲王与近臣之间的赠答

时间	赠送的物品	回赠的物品
应永二十三年（1416 年）八月七日	勾当局御憑被進之、以外遅々如何	
应永二十四年（1417 年）八月一日	八朔礼物如例（略）宮中外様、椎野・菊第・三条・勧修寺①・葉室・勾当局等進之、三位一献如例	

---

① 引文说明。本书所引用的公家日记采用日文汉文写作，这种日文汉文与现代日语不同，受中国汉文的影响较大，语法形式更接近中文。因此为了能更真实地表现原文，准确地表达原意，笔者在引用时直接使用原文，而未翻译成汉语。

② 行藏庵主。

③ 《看闻日记》《满济准后日记》中关于赠答的事项较多，笔者并未一一列举，只通过表格的方式列举一些具有代表性的赠答。

续表

时间	赠送的物品	回赠的物品
应永二十四年（1417 年）八月三日	菊第三日憑如例年、正永·永基今日献之、寿藏主御憑一献也	
四日	前宰相参、一献持参、御憑献之	室町殿御返小袖、女中赋之
应永二十五年（1418 年）八月一日	仙洞御憑、付永基进之、室町殿进物、若公、内々付女房当年初而进之	
应永二十六年（1419 年）八月三日		相应院御憑当年始而进之、御返则到来、永基御憑献之、抑御返之御服面々支配、若宫女中、長資朝臣、女官、赋之、则贺酒面々申
应永二十七年（1420 年）八月一日	椎野·经興朝臣·正永進物如例、三条大納言·宗豊朝臣不進之、天下停止守法歟、次求之儀歟	

资料来源：宫内厅书陵部编《看闻日记一》，卷 2～卷 5，明治书院，2012。

注①：劝修寺，参议、权中纳言、后小松别当。传奏。

　　贞成亲王与近臣之间的赠答相对较为随意，并不严格遵循八月一日赠礼，三日之内还礼的原则。赠送的礼物是一献等并非贵重之礼，回礼也与此大体相当。另外，即使下位者没有赠礼，贞成亲王也并不责备，相反有时会主动送礼。

二　贞成亲王与其他公家之间的赠答

　　贞成亲王与同为贵族、身份基本相当的御室（永助亲王）、相应院（弘助法亲王）之间的赠答严格遵循八朔的赠答原则，贞成亲王在八月一日赠送礼物，其他贵族则在八月一日晚上或三日回礼。左府（今出川公行）、典侍禅尼（藤原能子）等下位者在八月一日赠送礼物，贞成亲王或立即回赠或延后几日，但都是有赠必答（见表 1 - 2）。

表 1 - 2 贞成亲王与其他公家之间的赠答

时间	赠送的物品	回赠的物品
应永二十三年（1416 年）八月三日	御室御憑被進、自相応院①被進	御返被付廻
应永二十四年（1417 年）八月一日	御室前々故御所雖被進之略之、相応院同略之	
三日	菊第②三日憑如例年、正永·永基今日献之、寿藏主御憑一献也	
二十一日		左府三日病以後不食之由聞之、仍河辺鯉魚·鱸魚等遣之、甲斐々々敷被悦喜、八朔返同遣之、遅引比興也
应永二十五年（1418 年）八月一日	宮中男女進物如例、三位一献如恒規、菊第·三条·勧修寺等如例年進物注別紙	
六日		御憑返、宮中男女賜之
应永二十六年（1419 年）八月三日	相応院御憑当年始而進之（略）、永基御憑献之	御返則到来

资料来源：宫内厅书陵部编《看闻日记一》，卷 2～卷 5，明治书院，2012。
注：①相应院即，崇光院皇子，荣仁亲王同父异母的弟弟。相应院住持。
②菊第，今出川公行，贞成亲王的养父。

　　贞成亲王与其他贵族之间严格遵守有赠必答模式，赠送的礼物、数量固定，回赠的礼物数量也较为固定。虽然相互之间遵循有赠必答模式，但这并非毫无感情的定型化的赠答，如应永二十八年（1421 年）八月四日条，"三条大納言八朔礼多年被進之处、室町殿被停止之間自去年被止之、若次求歟如何、停止無念之間、当年自是遣之"。三条大纳言多年来赠送礼物，今年（1421年）突然停止赠送，贞成亲王推测是否因室町殿要求停止八朔的赠答所致，甚感遗憾，故主动赠送礼物。

三　贞成亲王与地下众之间的赠答

由于在八朔中贞成亲王与地下众之间无相互赠答，因此笔者以岁末年初的赠答为例说明传统节日中贞成亲王与地下众的赠答模式。如前所述，岁末年初的赠答与八朔略有不同，八朔是公武寺确定关系的一个节点，庆祝性的成分较少，相对而言正式、规模较大，而岁末年初气氛较为轻松，贞成亲王主要与近臣以及地下众之间进行小范围的赠答。尽管岁末年初与八朔略有不同，但这其中的赠答模式是有规律可循的，因此在岁末年初这一场合，贞成亲王与地下众之间的赠答行为可以用于说明传统节日中贞成亲王与地下众之间的赠答模式。

在岁末年初这一场合中，松拍等舞猿舞，地下众同舞，千寿万财①前来祝贺，对于这些地下众贞成亲王都会赐予扇、太刀、棰等（见表1-3）。

表1-3　贞成亲王与地下众之间的赠答

时间	事　项
应永二十三年（1416年）一月十一日	自京松拍参、猿楽等乱舞、其興不少、棰ヲ賜則飲之令乱舞、禄物扇等賜之、抑今日自往年為佳例面々献一献
一月十五日	地下村々松拍参、（略）則焼三毬杖如例、菓子二合・棰賜之、次三木村、次石井村、次舟津各種々风流、其興千万、皆同賜棰
一月二十八日	正永・勝阿・祐誉律師等参賀、有一献

---

① 过新年时挨家挨户说喜庆话的人。

续表

时间	事　项
应永二十四年（1417 年）一月十一日	抑恒例一献、宫中男女献之、菊地・勾当局・隆富等不相替进之、终日一献如例年、三位・重有・長資等朝臣、隆富・阿賀丸等候、事了夜於新主御方又有一献、禅启一献進之（略）、予方へも男女賀酒賜之
十一月七日	初雪降、一寸余積、陽明局一献申沙汰、初雪之時恒例之沙汰也、三位・行豊・寿藏主等一献持参
十二月十九日	新暦二卷・八卦等在弘進之

资料来源：宫内厅书陵部编《看闻日记一》，卷 2 ~ 卷 5，明治书院，2012。

　　地下众主要为各种艺人以及领地被官，贞成亲王会对艺人的施艺进行赐禄，禄物并非贵重之物，为棰、扇、太刀等赠答中的常用之物。三木善理、小川禅启为所领的被官，也属于地下众，在年初贺礼时多进献一献等，在岁末，阴阳师会赠送新历、八卦等物品。

　　贞成亲王与松拍、千寿万财之间遵循有赠必答模式，舞乐结束后，贞成亲王会马上赐禄，牛饲等人拜见时，贞成亲王也会相应地赠予礼品。若不遵循有赠必答模式，地下众也会横眉立目，绝不示弱。永享九年（1437 年）正月十一日条，"室町殿侍曹司四人参、目出之由仰之处、可有御祝之由申、去年参、不給引出物之間、重可参之由仰、有不快之気云々"。室町殿的侍曹司等人参贺，贞成亲王没有赐禄，四人露不快之颜。但是对于三木善理、小川禅启这些所领的被官则不回赠，这主要是因为双方结成"御恩奉公"（关于御恩奉公笔者在后文中会详细论述）的关系，对于下位者的贡品上位者可以不回礼，这与八朔中贞成亲王与近臣之间的赠答类似，但并非完全相同。这种赠予类似库拉交换中平民与部落首领的交换，布劳认为，平民应该首先向首领进贡，基本假设是，该首领的领导给该地区提供了重要的利益，而他们对他

的贡品（既以有价值的物品的形式又以尊敬的形式），是对他们欠
他的一连串债务的偿还。上级为下级提供利益，而他向他们提供
的利益又巩固了他的权力。这一权力使下级的服务不足以建立与
该上级的平等关系。①

　　该理论可以用于解释贞成亲王与近臣及被官之间没有礼物赠答
的情况，尽管二者之间没有赠答，但可以认为贞成亲王是在更高一
个层面进行回赠，上位者提供的庇护可以认为是一种回赠。

第二节　贞成亲王与室町殿之间的赠答

　　贞成亲王与室町殿即武家集团进行交换时，遵循符合社会规范
的赠答模式，一般情况是贞成亲王作为下位者在八月一日赠送礼物，
室町殿在当天夜里或是八月三日回礼，赠答的礼物比较固定，但是
如果贞成亲王赠送的礼物增加，室町殿也会相应地增加礼物。例如
永享九年（1437 年）贞成亲王从赠送三种礼物改为赠送五种礼物，
室町殿的礼物也相应地有所增加（见表 1 - 4）。

表 1 - 4　贞成亲王与室町殿的赠答

时间	赠送的物品	回赠的物品
应永二十四年（1417 年）八月	一日室町殿進物献之、室町殿申無次、以折紙進之	三日　室町殿御返到来、恒例不相替令祝着
应永二十五年（1418 年）八月	一日室町殿進物	二日　室町殿若公御返到来、昨日秉燭之時分被出之間、使者路留云々、室町殿、練貫三重・太刀一振、若公、銀水瓶・卓・銚子提・引合十帖也

---

　　① 〔美〕彼得·布劳：《社会生活中的交换与权力》，华夏出版社 1988 年版，第 129 页。

续表

时间	赠送的物品	回赠的物品
应永二十七年（1420年）七月十七日	晚景事了帰、抑室町殿八朔御礼物事、天下依飢饉被停止云々、不審之間常宗内々尋之、禁裏・仙洞・執柄等如恒例、其外被停止、室町殿も被用捨云々、自是進物如何、谁犹可有御尋之由申	
二十日	抑室町殿御憑停止事、非一同之儀被用捨云々、此御所事自是可進之处賜之間、当年者不可賜之由、広橋得其意可申止云々、此上者御斟酌可然歟之由広橋申、常宗尋之处、可有御斟酌之由申、祝着事一往就承可略之条如何計会也	
二十一日	室町殿御憑事菊第談合、広橋重可伺時宜之由、可被仰歟之由有意見、此儀可然歟	
二十三日	抑御憑事、広橋申旨、可被進之人数・被停止人数被仰定之間、此御所事重難伺申、可有御斟酌之由申云々、此上者无力事也、若宫御方も同云々	
八月一日	室町殿進物止之、聞、御室・妙法院、其外室町殿親族門跡・執柄・三公以下・近習公卿・殿上人進之、外样竹園・诸门跡・诸家武家、室町殿祗候女中等被停止云々、一向非停止被用捨云々、此御所代々進之处、当年見所不肖之身今更遺恨也	

资料来源：宫内厅书陵部编《看闻日记一》卷3～卷4，《看闻日记二》卷6～卷7，明治书院，2012。

八朔是确认公武关系的一个重要节点，公家集团、武家集团通过与室町殿（足利义持）的赠答确认关系的亲疏远近。应永二十七年（1420年），室町殿因为饥荒而规定称光天皇、后小松上皇、九条满教按照先例在八朔赠答礼物。七月十七日，贞成亲王听到停止向室町殿赠送礼物这一消息后，对于这突如其来的消息手足无措。二十日，听说并非要求所有人都停止向室町殿赠送礼物，于是询问广桥，广桥告知贞成亲王停止向室町殿赠送礼物，贞成亲王又咨询常宗，常宗认为还可以请室町殿再斟酌一番。二十一日，贞成亲王与菊第商量，菊第认为可以再向广桥表示自己希望向室町殿赠送礼物。二十三日，广桥告知，可被进之人、被停止之人都已确定，虽然贞成亲王请求室町殿再次斟酌，但是已无回天之力。八月一日，贞成亲王感叹"此御所代々進之处、当年见所不肖之身今更遗恨也"。由此可见，从八朔赠送礼物的人员构成就可以看出与室町殿关系的亲疏远近。在幕府掌握公家集团的经济命脉的时候，贞成亲王对其与幕府的关系极为敏感，当自己被排除出可以赠送礼物的圈层时感到不安。公武寺之间的八朔赠答完全脱离农村习俗，不具有任何庆祝性成分，而是彼此确认关系的重要节点。

除此之外，永享九年（1437年）八月三日"早旦三条少将室町殿御返持参、御服・御馬・太刀如例、太刀一御使給、立帰又参、宫御方御返給、御馬・御劍如例"，实胜作为室町殿的使者将室町殿的礼物送给贞成亲王，之后又回到室町殿处，将室町殿赠送给宫御方①的礼物送给宫御方，实胜每次只携带针对一人的还礼，同样的情形也出现在永享八年（1436年）、永享十年（1438年）的回礼中。可以看出，贞成亲王与室町殿的赠答中格式化或者说定型化的成分居多，感情的成分较少。

第三节　贞成亲王与后小松上皇之间的赠答

贞成亲王与后小松上皇虽同属于公家集团，同为持明院统的后代，但贞成亲王作为崇光院的后代，后小松上皇作为后光严院的后代，围绕皇位的继承问题二者关系紧张、微妙。贞成亲王作为下位者，在八朔这一重要场合，谨慎地赠送礼品，赠送的时间、物品的种类与数量都较为固定，而后小松上皇的回赠时间则不确定，或延后几天甚至到第二年的八朔的前几天才回赠，但是回赠的礼物多为重宝（见表1-5）。

---

① 宫御方是贞成亲王的次子。

表 1 – 5　贞成亲王与后小松上皇之间的赠答

时间	赠送的物品	回赠的物品
应永二十四年 （1417 年）	八月一日 仙洞·室町殿进物 献之	应永二十五年七月二十八日 仙洞去年八朔御返被下、永基申次之间、正永 持参、堆红香箱、金襴袋入、堆红盆、引合廿 帖拝領、不存寄祝着無極、今日背時宜折節被 下之条、虚名之段聞食披歟、喜悦祝着相伴也
应永二十五年 （1418 年）	八月一日 仙洞御憑	应永二十六年七月二十八日 仙洞去年御返被下、永基申次之间為為使正永 持参、御服二重·沈一嚢·引合十帖拝領、祝 着無極、去年事不思食忘之条殊畏悦、庭田梨 一葛入見参、御返事付永基了、正永退出
应永二十六年 （1419 年）	八月一日 仙洞御憑、付永基 進之如例	应永二十六年九月二十九日 自仙洞八朔、御服三重·銚子提、引合十帖被 下之、祝着無極、御服一、正永被下之、永基 申次如例
应永二十七年 （1420 年）	八月一日 仙洞御憑蝋燭台一 対·銚子提·引合 卅帖、	应永二十七年十二月二十四日 抑仙洞八朔御返被下、永基朝臣申次、正永持 参、練貫三重·御沈一裏·引合十帖拝領、祝 着無極、岁末御怱劇之時分、不思食忘之条殊 祝着、添気味了、御返事申入、正永退出、御 服一正永賜之
应永二十九年 （1422 年）	八月一日 仙洞御憑鶴頭一双、 銚子提·引合卅帖、 付永基朝臣進之如 例、御返事自是云 々、鶴頭殊勝之由 面々褒美云々	应永二十九年八月二十八日 八朔御返自仙洞被下、御使孫有丸持参、御服 二重·大食嚢·御沈一裏·去年分御服三襲· 白太刀一振·引合十帖、両年之分種々重宝被 下、迷惑祝着無極、永基朝臣申次如例、孫有 丸初参御気色之物云々、賜酒、后聞、不賜引 物之间以外腹立申云々
应永三十年 （1423 年）	八月一日 早旦 仙洞進物酒海 一·銚子提·引合 卅帖、付永基朝臣 進之如例	

续表

时间	赠送的物品	回赠的物品
应永三十一年（1424 年）	八月一日 早旦仙洞へ御憑、酒海・銚子提・引合卅帖献之	九月二十四日 自仙洞八朔御返、去今両年之分被下之、正永持参、金香箱、堆紅盆一・紫檀卓・御沈一裏・引合十帖・御服三重・綿五同、種々重宝驚目、祝着無極、殊更金香箱重宝也、此間窮困之式、連々申入之間、別而被思食入、重宝共拝領、時宜之趣畏悦無極

资料来源：宫内厅书陵部编《看闻日记一》卷 3~卷 5，《看闻日记二》卷 6~卷 9，《看闻日记三》卷 10，明治书院，2012。

对于后小松上皇的延迟回赠，樱井英治认为除了后小松上皇的性格中有"不定性"的一面之外，也不可否认其将贞成亲王视为竞争对手作为嫡流表现出某种傲慢[①]，另外，后小松上皇因为经济窘况而不能及时回礼这一点也不能忽略。但无论回赠的时间如何被拖延，贞成亲王与后小松上皇之间的赠答是完全对等的。特别值得注意的是，永享五年（1433 年）十月十日后小松上皇去世，十月五日在后小松上皇临去世前回光返照之际，他还对贞成亲王回赠了八朔的礼物。樱井英治认为，一个人在即将去世之际还挂念八朔的还礼，作为现代人无论如何都难以理解，但这体现出后小松上皇作为生活在中世的一分子，十分重视维持"相当"原则。"相当"指得失平衡的状态，中世之人对是否平衡十分敏感，在与他人交往或发生纷争时，时时刻刻注意维持平衡。[②]

笔者由于知识有限，无法考证后小松上皇是否对贞成亲王怀有竞争意识及其性格中是否有不定性的一面，但从贞成亲王的描述中可以看出，贞成亲王对于后小松上皇的回礼多是感激之情，如应永二十六年（1419 年）"去年事不思食忘之条殊畏悦"，应永二十七年

[①]　桜井英治：《贈与の歴史学　儀礼と経済のあいだ》，中央公論新社，2011 年，第 101 頁。

[②]　桜井英治：《贈与の歴史学　儀礼と経済のあいだ》，中央公論新社，2011 年，第 82 頁。

（1420 年）"歲末御忩劇之時分、不思忘食之条殊祝着、添気味了"，应永二十九年（1422 年）"両年之分種々重宝被下、迷惑祝着无极"，应永三十一年（1424 年）"種々宝物驚目、祝着無極、殊更金香箱重宝也、此間窮困之式、連々申入之間、別而被思食入、重宝共拝領、時宜之趣畏悦无無極"。特别是应永三十一年（1424 年），贞成亲王向后小松上皇连连表示自己生活穷困，后小松上皇在八朔时回赠了重宝，贞成亲王对于后小松上皇的还礼表示感激。虽然后小松上皇的回赠时间非常不确定，但是回赠的礼物多为"重宝"，随着赠送与回赠之间的间隔加大，回赠的礼物也变得越来越多，越来越贵重，回礼延迟的"不足"被礼物的分量所消解。同样，这种情况也出现在贞成亲王与室町殿的赠答中。永享五年（1433 年），室町殿也出现了两年合为一年进行回礼的情况，"室町殿御返持参、去年御返未到、仍両年分賜之、御馬二疋・太刀二振白一・金伏輪一・連貫三重・堆紅盆一・同香箱一入金襴袋、去年不賜両年之分也、祝着無極"，以往每年的回礼是"練貫三重・御馬鹿毛・太刀一"，而今年的礼物有所增加，回赠时间与回礼物品的数量、分量成正比关系，即被拖延的时间越长回赠礼物的分量就越重。

关于时间间隔与礼物的关系，布迪厄指出："实际上，在任何社会中，人们都能观察到，回赠应该是延期的和有差别的——否则就构成一种侮辱，立即回赠完全一样的东西显然无异于拒绝。""时间概念的引入同时意味着对礼物交换的分析必然要超越礼物的赠予与还礼是受互惠性原则支配的观念，而是要意识到在这一过程当中，还礼受到'策略性'时间间隔的控制，或者说时间概念在这里发挥着关键性作用。这样一来，还礼的礼物不但是不同的，而且是推延的（deferred）。"[1]

---

① 〔法〕皮埃尔·布迪厄：《实践感》，蒋梓骅译，译林出版社 2009 年版，第 150 页。

布迪厄认为时间间隔作为一种策略被用于西方社会中。"取消间隔，就是取消策略。这一间隔期不应太短（如在赠品交换中所见），但也不能太长（尤见于仇杀），它完全不同于客观主义模型使其成为的那种死时间，即无效时间。"① 在西方社会中，回礼的时间应该是有一定间隔的，这一时间间隔是被策划好的，既不能太长也不能太短，否则都会造成失礼。布迪厄的时间策略适合解释西方社会中的交换模式，如库拉交换即要求回礼与赠礼之间需要有一定的时间差，否则构成一种侮辱。如果用布迪厄的时间策略说明日本八朔赠答的话，赠礼时间是八月一日，回礼时间是八月一日或八月三日，这一回礼应该是在短时间内完成的，否则对赠送者构成一种侮辱。但是贞成亲王之所以对于后小松上皇回赠的延迟没有抱怨，多为感激之情，是因为礼物的贵重程度消解了被拖延的时间。贞成亲王认为这一行为是"相当"的，并没有感到不足，所以这一种赠答模式能够成立。后小松上皇并不必因为延迟送礼而感到不安，贞成亲王也不必因为回礼被拖延而感到耻辱，因此双方的关系依然得以维系。本尼迪克特指出，日本义理的另外一个特点与西方偿还金钱的习俗类似，如果偿还超过了期限，就需要加倍偿还，宛如它是带着利息的。② 笔者认为，与其说是义理，不如说是"相当"原则更为恰当。

在室町时代，当人们对礼物的流动感到不相当时，并不会因为自己是下位者而忍气吞声、唯唯诺诺。在《看闻日记》中应永二十九年八月二十八日条"八朔御返自仙洞被下、御使孙有丸持参、御服二重·大食妻·御沈一裹·去年分御服三襲·白太刀一振·引合十帖、两年之分種々重宝被下、迷惑祝着無極、永基朝臣申次如例、孙有丸初参御気色之物云々、賜酒、后聞、不賜引物之間以外腹立申云々"。

① 〔法〕皮埃尔·布迪厄：《实践感》，蒋梓骅译，译林出版社 2009 年版，第 151 页。
② 〔美〕鲁斯·本尼迪克特：《菊花与刀——日本文化的诸模式》，孙志民、马小鹤、朱理胜译，庄锡昌校，浙江人民出版社 1986 年版，第 121 页。

后小松上皇的使者孙有丸给贞成亲王带来后小松上皇的回礼，一般情况下，贞成亲王应该赐太刀或檀纸之类的物品给他，但是这一天贞成亲王仅仅赐酒，对此作为下位者的孙有丸愤然作色，毫不掩饰。

同样，永享六年（1434 年）三月二十二日条，"女儒二人参、禄物不給、而可賜之由再三申、先例不審之間、先可罷归之由仰"，女儒要求贞成亲王赐禄，但是贞成亲王认为无先例而没有赐禄。

永享九年（1437 年）正月十一日条，"在贞御祈始御祓献之、御撫物出之、慈云院参賀、幸末佐参、構見参、亀丸参、献御剑、室町殿侍曹司四人参、目出之由仰之处、可有御祝之由申、去年参、不給引出物之間、重可参之由仰、有不快之気云々"。室町殿侍曹司四人参，贞成亲王没有赐物，对方怒形于色。

櫻井英治以书札礼作为例证对于这一点进行说明。书札礼相当于现代社会的书信，当时人们写信时，必须根据对方的身份正确使用语言。例如，在结语中，根据礼仪的轻重分别使用"谨言""恐恐谨言""恐惶谨言""诚恐谨言"等。而且对收信人的称呼也分为"进上某殿""谨上某殿"等。因此，如果写信人没有正确使用用语，收信人可以直接表示抗议要求对方重新写信，或者不接受而当场让使者带回家，或者收到信以后不回信等。这种抗议并不一定是上位者对下位者的反抗，即使对方是上位者，如果使用了不恰当的语言，下位者也绝不会忍气吞声，就此罢休，愤然要求对方重写是中世人的一种矜持。[①]

因此，可以认为，室町时代人们并不会因为地位低下而唯命是从，而是要求"相当"之仪。后小松上皇一再拖延回礼的时间，对此贞成亲王并没有表示不满或气愤，这是因为后小松上皇礼物的贵重程度抵消了时间间隔所导致的"不相当"。

---

① 桜井英治：《贈与の歴史学　儀礼と経済のあいだ》，中央公論新社，2011 年，第 88～89 頁。

"相当"原则是理解室町时代日本人赠答模式的一个非常重要的概念。从八朔的赠答可以看出，无论是室町殿还是后小松上皇，贞成亲王在与其赠答时，都严格遵循"相当"原则。贞成亲王对于非权门之人无论是上位者还是下位者，在赠答时也都遵守相当原则，这是因为中世之人对于是否相当十分敏感，如果认为自己受到不相当的礼遇，他们会有一种强烈的耻辱感，因此，人们必须时时刻刻注意自己的言行符合"相当"这一社会规范。关于中世之人对于相当原则的重视也可以从中世的法律中得到确认，中世有《地下中分法》（庄园领主与地头各分一半庄园）及《半济令》（承认武士获得庄园一半的年贡），或者《降参半分法》（只没收敌人一半的所领）等利权折半的法律。中世之人之所以基于相当原则化解纷争，是因为中世社会多种法律共存，除了公家法、武家法、本所法这些公权力制定的法律之外，还有处于另外一个维度的村落或地域社会、职人集团中通用的"旁例""先例""世间的习俗"等惯习。① 这些法律有时相互矛盾，导致中世时期社会极为混乱，虽然人们在身份上有高低贵贱之分，但在法律面前人人平等，发生冲突时，人们会据理力争，而且会采用对自己有利的公家法、武家法、本所法等而使自己处于有利地位，而由于基于相当原则的中分法对当事人双方进行平等处分，能够顾全双方的颜面，不让双方感到耻辱，所以室町时代，中分法作为一种不成文的规定被人们广泛使用。②

中世的折中之法源于日本人特有的"相当"原则的法思想，其中包含对日本人特有的耻感的考量，是非判断、黑白分明并非为人处世的哲学，保持双方的颜面、不让双方感到羞辱才是日本人所认为的最明智的处理方式。正如清水克行所指出的，"以天皇为顶点的独特的身份制这一金字塔结构是中世日本社会的一大特征。在日本，

---

① 清水克行：《喧嘩両成敗の誕生》，講談社，2006 年，第 106 頁。
② 清水克行：《喧嘩両成敗の誕生》，講談社，2006 年，第 124～125 頁。

人们根据地位与情景而行动，他们掌握了将复仇之心隐藏于身的技术。结果，他们对自己的荣誉极为敏感，甚至有一种将其内心化的执着。为了圆满地解决人们之间的纷争，比起正确与否的判断，保留双方的颜面以及平衡双方的损失是更为重要的"。①

这些思想已深入中世之人的灵魂深处，体现在生活中的方方面面，同样也体现在赠答模式中。后小松上皇在临终弥留之际，仍然要完成未完成的赠答，这一行为超过了现代人的理解范围，但是在中世这是一个人应该履行的义务，作为上皇如果没有完成其应该完成的义务或者没有遵守"相当"原则，是一种耻辱，是对名誉的一种玷污，因此后小松上皇在回光返照之际竭尽全力给未完成的赠答画上句号。

第四节　满济与内里、后小松上皇以及
室町殿之间的赠答

在《满济准后日记》中可以看到满济与内里、后小松上皇、室町殿之间严格按照八朔的赠答原则进行赠答，满济在八月一日赠送礼物，内里、后小松上皇、室町殿在八月一日或八月三日回赠，赠送的礼物与回赠的礼物都较为固定（见表1－6）。

表1－6　满济与内里、后小松上皇、室町殿之间的赠答

时间	事项	赠予者	受赠者	物品
应永二十二年（1415 年）八月一日	内裏御憑。甋一枚御銚子提。引合卅帖。仙洞御服五重。卅帖。下御所御屏風一双。御扇十本。若公二重御香合十帖進之。各御返在之	满济	内里 仙洞 下御所 若公	甋一枚御銚子提。引合三十帖 御服五重。三十帖 御屏風一双。御扇十本 二重御香合十帖進之

① 清水克行：《喧嘩両成敗の誕生》，講談社，2006 年，第 205～206 頁。

续表

时间	事项	赠予者	受赠者	物品
应永二十三年（1416 年）八月一日	内裏御憑繻子一段。引合卅帖。御铫子提。仙洞御服五重。引合卅帖。教贤持参。别当方へ遣状了。室町殿样へ御憑如恒例。御屏风。御扇十本。自宝池院香炉。引合十帖。若君新御所小川殿样如年々进之	满济	内里仙洞室町殿宝池院	繻子一段。引合三十帖。御铫子提御服五重。引合三十帖御屏风。御扇十本香炉茶。引合十帖
应永二十五年（1418 年）八月一日	内裏繻子一段。卅帖。五重御料纸卅帖。室町殿御屏风双。御扇十本恒例。既及数代。可谓佳例哉。实池院ヨリ御香吕。御盆。引合十帖被进之	满济实池院	内里室町殿满济	繻子一段。三十帖。五重御料纸三十帖。御屏风双。御扇十本恒例。御香吕。御盆。引合十帖
八月三日	自室町殿御返。御盆。御香笼。十帖。实池院へ花瓶。盆银被下之	室町殿满济	满济	御返。御盆。御香笼。十帖花瓶。盆银被下之

资料来源：满济：《满济准后日记》上，续群书类从完成会，昭和 33 年。

《看闻日记》应永二十九年（1422 年）八月一日条，"室町殿进物停止之间冷然也"，贞成亲王感叹自己不能向室町殿进献礼物，有一种被排除在亲密圈层之外的无力感，而《满济准后日记》应永二十九年（1422 年）八月一日条，"八朔之仪如恒年。内裏仙洞室町殿御方御所进之。御返答严重。祝着"。满济依然与室町殿进行八朔的赠答，由此可以看出满济与室町殿的关系较贞成亲王更为亲近。但是，尽管满济与室町殿的关系亲密，但这并不意味着满济与室町殿的赠答可以像贞成亲王与近臣之间的赠答那样较为随意，依然是尊卑有序。如"御憑如常。御屏风御扇十本进之。御返五重。十帖。扇下品由被仰。重献刀一振"。满济赠送室町殿御屏风、御扇十把，室町殿称"扇下品"，对于这一礼物不满，满济立即重献太刀一把。

尽管满济作为公武关系的调和者发挥重要的作用，但是其身份是寺家，在与室町殿进行赠答时依然需要遵守相当这一原则，因此赠送礼物时既要符合自己的身份也要符合对方的身份。

第五节 小结

从八朔的赠答可以看出，越是关系疏远的人越遵守有赠必答的模式，而且下位者必须在八月一日赠送礼物，上位者在当日夜里或稍后一两天回赠。而对于权门之内的人则不一定遵守这一模式，虽然作为下位者需要赠礼，但是上位者可以不回礼，即使回礼也比较随意。对于这一现象笔者尝试从心理文化学的角度进行分析。本书将人际关系分为三个圈层，第一个圈层：拟血缘圈层，赠答遵循娇宠法则。贞成亲王与近臣之间的赠答即遵循娇宠法则。贞成亲王作为上位者向近臣提供保护，近臣作为下位者表示尊敬、服从，近臣在八朔向贞成亲王赠送礼物，赠送的礼物也多为"一献"等非贵重之物，而贞成亲王的回赠是比较随意的，"室町殿御返小袖、女中赋之"。贞成亲王将室町殿的礼物分给对御方（三条实继女）·近卫局（日野西资国女）·今上葛·今参（庭田幸子）近臣，若从室町殿或后小松上皇那里没有收到衣服之类的回礼，对于近臣则没有回礼。

在拟血缘圈层中还存在三木善理[1]、小川禅启[2]这一圈层，他们是贞成亲王领地的被官，与贞成亲王结成御恩奉公的关系，尽管贞成亲王作为上位者给其提供保护，下位者对贞成亲王服从，但是对方并没有达到可以依赖、撒娇的程度，双方的关系处于拟血缘圈层与朋友圈层之间，这一圈层的赠答原则与拟血缘圈层类似，赠送的礼物也多为一献，并不贵重，贞成亲王的回赠也并不固定。

---

[1] 御香宫神主，畠山氏家人。
[2] 伏见状政所，山名氏被官、鹿王院领金松名代官。

第二个圈层：朋友圈层。朋友圈层的人际赠答，遵循"义理"法则。贞成亲王与弘助法亲王、菊第等人的赠答遵循"义理"法则。菊第是贞成亲王的养父，一直以来，贞成亲王与菊第的感情较为深厚。贞成亲王在地位上属于上位者，菊第属于下位者，但是他们之间存在"娇宠"之外的亲密感情，如应永二十四年（1417年）八月一日菊第向贞成亲王赠送礼物，八月二十一日，"左府三日病以後不食之由聞之、仍河辺鯉魚・鱸魚等遣之、甲斐々々敷被悦喜、八朔返同遣之、遅引比興也"。当贞成亲王听说菊第生病的消息后，除了八朔的回礼之外，又赠送了鲤鱼、鲈鱼等食物，可以发现这一圈层的交换虽然是有赠必答，但是双方之间是有一定的感情投入的，并非完全的等价交换。

第三个圈层：他人或外人圈层。在这个圈层中，赠答模式趋于没有情感的物物交换，赠答过程趋于同时进行，没有时间差。由于不需要投入情感，也不需要深思熟虑，所以交换关系接近等价交换。贞成亲王与松拍、千寿万财等人的交换遵循这一原则。

在这一圈层之外，笔者认为还存在室町殿、后小松上皇这种特殊的他人圈层。室町殿属于一个既需要感情投入又需要深思熟虑的他人圈层，贞成亲王与室町殿的关系并不亲密，双方分别是公家身份与武家身份，可以说是一种既竞争又对立的关系，因此对于贞成亲王来说，室町殿是"他人"，但是在室町殿强大的威慑力之下，贞成亲王对于与室町殿赠答并非没有考量，相反是极为谨慎的，与室町殿进行赠答需要得到室町殿的认可，若没有得到室町殿的允许则不能与其进行八朔的赠答。因为室町殿是需要谨慎对待的他人，所以贞成亲王在与其进行赠答时，完全遵循八朔的赠答模式，贞成亲王在八月一日赠礼，室町殿在当日或八月三日还礼，如果贞成亲王增加礼物，室町殿也会相应地增加礼物的分量，赠答遵循"相当"原则。

贞成亲王与后小松上皇的赠答也类似于与室町殿的赠答。虽然贞成亲王与后小松上皇同为公家身份，但是围绕天皇的继承问题，双方的关系紧张微妙，因此贞成亲王与后小松上皇之间的赠答也遵循他人圈层的物物交换，接近等价交换。与此同时，贞成亲王在每年的八月一日赠送礼物，尽管后小松上皇的回礼没有遵循中世的赠答模式，其回礼经常是"不期而至"，但贞成亲王对于后小松上皇的这种"无礼"并没有任何抱怨，相反多表达"重宝共拜领、时宜之趣畏悦无极"。这并非贞成亲王作为下位者的唯命是从，而是因为后小松上皇遵循了"相当"原则，通过重宝消解了回礼时间的延长，保留了贞成亲王的颜面。

同样，满济与天皇、后小松上皇、室町殿之间虽然关系有亲疏远近，与室町殿的关系较与天皇、后小松上皇亲近，但是天皇、后小松上皇、室町殿对于满济而言都是需要谨慎对待的"他人"，因此满济作为三宝院的门迹在与公家、武家进行八朔的赠答时严格遵守有赠必答模式，遵守"相当"原则。

综上所述，八朔是一种固定化的仪式，赠答的礼物较为固定，贞成亲王赠送室町殿的物品多为烛台、茶碗、香炉等，赠送后小松上皇的物品也与其类似，多为烛台等，回赠的物品，如练贯、太刀等。虽然室町时代，公家的经济较为窘迫，经常需要为准备礼物而费一番周折，但是赠予者不需要考虑物品的种类或内容，仅仅按照先例行事即可。其中"相当"原则是理解中世赠答模式的重要概念，无论是对上位者还是下位者，如果属于他人圈层，就要遵循"相当"原则。"相当"原则并非没有考量，而是不让对方感到羞辱，无论赠礼还是回礼都要符合对方的身份、阶层。笔者援引中世的"折中之法"来说明中世日本人的"相当"原则并不等同于现代社会中的等价交换，这其中包含了日本人特有的耻文化，折射出中世日本人对于荣誉、颜面的珍视。源了圆对于义理的论述："对于日本社会是等级社会，因而它与义理观念的形成便有深刻的关系这种观点，我们必须附加某些限定条件。即尽管日本的社会具有等级制度特点，但它在一定程度上具有平等性，至少是意识上的平等性，或者是想要平等的欲望，不平等就感到羞耻。否则，义理的观念将无法成立。具有一种可以使人们意识上的平等性得到保障的'耻的文化'的社会，可以说是义理观念得以成立的条件之一。"① 在等级森严的日本社会，人们要求下级服从上级，但这种服从并不是无条件的，而是以意识上的平等为前提，而同样仪式性场合的赠答以平等为前提，即基于相当原则，而相当原则也包含对耻意识的考量。

---

① 〔日〕源了圆：《义理与人情》，李树果、王健宜译，王家骅校，天津人民出版社1996年版，第27页。

第二章

人生礼仪中的赠答模式

近代日本社会，在出生、七五三、成人仪礼等人生礼仪以及乔迁等喜庆场合，人们会基于义理的原则赠送礼物，同样室町时代，在"御汤始"①、"御鱼味始"、元服等人生的重要节点以及立柱、受封领地等喜庆场合上也进行相应的赠予，除此之外，室町殿还有名目繁多的临时性贺礼，如重宝失而复得、叛乱平定等，在这些喜庆场合，中世之人赠送何种礼物，基于何种原则进行赠答，在本章中笔者将对此进行考察。

第一节　贞成亲王与近臣及后花园
天皇之间的赠答

贞成亲王与近臣及后花园天皇在若宫"御鱼味始"、元服等人生礼仪以及立柱上栋、乔迁、受封领地等喜庆场合上赠送贺礼，在不同的场合赠送不同的礼物，从一献、衣服、沙金、盆、香合等日常生活用品，到太刀、剑等象征性物品无所不包（见表2-1）。

通过表2-1可以看出：第一，对于别人的贺礼，贞成亲王不回赠的情况较多，并不遵循有赠必答模式，但是若非近臣，则马上回礼，如永享二年（1430年）十二月二十一日，近臣纷纷送来贺礼，

---

① 初次喝汤的仪式。

表 2 - 1　贞成亲王与公家之间的赠答

时间	事项	事项	赠予者	受赠者	赠品
应永二十四年（1417 年）十一月十三日	抑三位宿所今日立柱上楝也、蟷螂一疋、遣之、畏悦申（略）其後三位一献持参、殊更上分献之云々	宿所立柱	贞成亲王	三位	一献
永享二年（1430 年）十二月二十一日	為久一献奉行、神妙之間小袖一重・太刀一下賜	大祀五为	为久	贞成亲王	一献
永享三十年（1431 年）十二月二十四日二月十八日	晡時姫宮御髪置、有祝着之儀、日時在方卿勘進、長資朝臣依佳例役之、一献了三位出京	姫宮御发置	长资朝臣	贞成亲王	一献
永享四年（1432 年）十月十三日	広橋日野遺跡拝領事賀之、太刀一遣之、	受封领地	贞成亲王	广桥日野	太刀
十一月二十三日	日野中納言、日野亭移住云々、其礼蜜柑一合・新喉一合遣之	移住	贞成亲王	日野中纳言广桥	蜜柑、新喉
十二月二十四日	今日姫宮、御魚味被聞食、御陪膳庭田宰相、（略）一献祝着人々榁献之	御鱼味闻食	人々	贞成亲王	一献
永享七年（1435 年）十二月十九日	新御所に移徙（略）先是三条中納言為御使参、御贈物持参、御太刀・白御服五重・香合一・盆一枚・引合十帖、御移徙之礼御馬一疋・御剣給、祝着無極、中納言軈退出、殊給太刀、次有一献（略）参賀人々三条中納言・在方卿等参、本所人々皆進御剣（略）御所造作奉行下総・結城各献御太刀、赤松御馬・美物等献之、定直一献進之、女中悉榁進之	贞成王等御移徙	三条中纳言贞成亲王本所人人伊势贞房、赤松祐满	贞成亲王三条中纳言贞成亲王贞成亲王	太刀、白御服、香合一、盆一枚、引合十帖太刀剑、太刀、美物

续表

时间	事项	事项	赠予者	受赠者	赠品
十二月二十五日	永豊朝臣、資任参、御移徙之礼参賀也（略）三条御折紙持参令祝着、別而折万疋被進（略）「資任引物、一重・太刀一追給之、」	御移徙之礼参賀	永丰朝臣、资任	贞成亲王	剑、折纸

资料来源：宫内厅书陵部编《看闻日记一》卷3，《看闻日记二》卷7，《看闻日记四》卷16、卷19，明治书院，2012。

为久进献一献，贞成亲王感到"神妙"，立刻赐小袖及太刀。另外，对于初次见面者也进行回礼，如永享二年（1430年）十一月二十八日条，"広橋中納言参、御剣一・馬一疋持参、大祀無為之賀礼也、凡初対面也、殊更賜三献、馬一疋・太刀一振遣之"。广桥中纳言为初次见面者，对于其贺礼，贞成亲王赐三献、马以及太刀。第二，永享四年（1432年）十一月二十三日，对于日野中纳言的乔迁之喜，贞成亲王赠送蜜柑、鱼。而永享七年（1435年）十二月十九日，对于贞成亲王的乔迁之喜，公家赠送剑。可见针对同一事项，下位者的赠礼比上位者的郑重，而上位者则较随意。第三，"抑宫御方今日御対面、御剣・御馬令用意之由令申之処、御馬枝葉也、御折紙可然乎之由被指南、仍折紙治定了、計会也、宫御方・南御方被入申、被進供御云々、昼程宫御方有御対面、御剣・折紙三千疋進之、三条中納言為御使被来、伊勢守参、只今以御酌被下進習人々進御剣十五振持参、不思寄祝着之由令申"。宫御方要与室町殿会面，贞成亲王命令准备剑、马这两种礼物，但是被告知马为较为低等的礼物，建议赠送折纸，贞成亲王遂准备剑以及折纸三千匹。由于马既需要饲养又占用空间，所以在当时是不受欢迎的礼物，但尽管如此，在上栋这一仪式上，无论公家、武家都进献马，可见在特定的场合需要赠送定型化的礼物。

第二节　贞成亲王与后小松上皇之间的赠答

对于后小松上皇的贺礼，在不同的场合也略有不同，在立柱等场合赠送马，在"御汤始"这一场合，公家、武家赠送相应的礼物，公家以马为主，室町殿赠送衣物等（见表2-2）。

表2-2　对后小松上皇的贺礼

时间	事项	事项	赠予者	受赠者	物品
应永二十三年（1416年）十一月十五日	新造仙洞明日可有上棟云々、御馬被引進者、可然之由人々意見申之間、明日被進之、御馬被御覽、青毛、左道之馬也	仙洞上栋	人人	仙洞	马
应永三十年（1423年）二月二十四日	仙洞御悩以後今日御湯始也、面々御馬進云々、仍御馬一疋献之、付永基朝臣進之、室町殿御服五重・御宿衣二領・御道服被進、御湯以後可被召改之由被申云々、其外諸門跡・関白・月卿云客等大略進云々、御馬八疋・馬代五千疋・太刀卅二振出来、医師三位房大略被下、此外御一一領、御宿衣領、盆・香箱・食妻・茶碗・呉器・料足五千疋被下、室町殿よりも五千疋別而被下云々	御汤始	公家室町殿诸门迹、关白、月卿云客仙洞	仙洞室町殿	马御服、宿衣马、太刀、马代五千匹
应永三十二年（1425年）十月十四日	仙洞御持仏堂今日立柱、諸人御馬引進云々	佛堂立柱	诸人	仙洞	马

　　资料来源：宫内厅书陵部编《看闻日记一》卷1，《看闻日记三》卷11，明治书院，2012。

在赠送后小松上皇贺礼时，后小松上皇针对不同的人选择性地进行回赠。在"御汤始"这一场合，作为回礼后小松上皇赠送室町殿折纸五千匹，后小松上皇对其他公家不回赠，关于这一行为可以认为，室町殿对于后小松上皇而言是需要有所考量的"他人"，室町殿的贺礼是上位者针对上位者的赠答，因此后小松上皇需要遵循有赠必答模式，而其他公家的贺礼是属于下位者进献给上位者的贺礼，所以后小松上皇不需要回礼。

第三节　贞成亲王与寺家及地下众者
之间的赠答

在大通院的立柱仪式上，贞成亲王及近臣以及地下众等纷纷赠送马以及绢等，每个人根据身份、等级赠送相应的贺礼，而且外样不进献，仅限于奉公之人（见表 2 - 3、表 2 - 4）。

表 2 - 3　贞成亲王与寺家之间的赠答

时间	事项	事项	赠予者	受赠者	物品
应永二十九年（1422 年）正月三十日	大通院立柱、立柱之儀、大工引頭二人、長一人、其作法如恒、御馬五疋大工取綱、每度二拜、（略）東御方・廊御方・典侍殿・前源幸相・重有朝臣・隆富・祐誉僧都・禅启等各涯分、或馬一疋、或绢一疋進之、外樣不及勸進、只奉公輩也	大通院立柱	贞成亲王等人	大通院	馬、绢
永享五年（1433 年）十二月十四日	法安寺一樽持参、御領之贺礼也、地下人越中等種共進上、御領御礼云々	御領之贺礼	法安寺	贞成亲王	一樽

续表

时间	事项	事项	赠予者	受赠者	物品
永享九年（1437年）十月十三日	劝修寺元服事贺之、夜新冠参、对面、献御剑、又一振給	劝修寺元服	劝修寺贞成亲王	贞成亲王劝修寺	剑剑

资料来源：宫内厅书陵部编《看闻日记二》卷 8，《看闻日记四》卷 17，《看闻日记六》卷 29，明治书院，2012。

表 2-4　贞成亲王与地下众之间的赠答

时间	事项	事项	赠予者	受赠者	物品
永享六年（1434年）三月十七日	叙品事贺奉、召使幸継参、禄可被下之由申、自上様禄千疋被下云々、虽不信可拝領之由申之间、練貫一重給、（略）幸継禄物事申遣之间、西雲被申、自上様千疋被下事、更々无其儀、楚忽一重被下過分、不可然云々、明盛幸継最眉之间、申虚言之条不可説也、公卿等一級之時位記持参、給禄之条勿論也、女中叙品位記大内記持参、召使何事可給禄哉、不審事也、楚忽被下之条、予僻事後悔也	叙品事贺	贞成亲王	召使幸継	練貫
永享七年（1435年）十二月三十日	有重・康富・久秋・盛継・康等参（略）、不対面、若王子僧正参、練貫一重・太刀一給之、夜勧修寺中納言参（略）、夜陰密々参之由申、御馬・御剣進之、給一献、殊更太刀一給之（略）、新造亭一段祝着、明春大慶满足不能左右珍重、幸甚々々、自三条美物種々被進、珍重也、自上様如例年美物	岁末礼新造亭一段祝着	有重、康富贞成亲王勧修寺中納言贞成亲王三条上様	贞成亲王有重、康富贞成亲王勧修寺中納言贞成亲王	太刀折纸御馬代・御剣太刀美物

时间	事项	事项	赠予者	受赠者	物品
	済々給、南御方へも同被進、自御所宫御方へ御こき板、抹杖・玉色々種々被進				

资料来源：宫内厅书陵部编《看闻日记四》卷 19，《看闻日记五》卷 24，明治书院，2012。

因为贞成亲王与寺家之间的关系有亲疏远近，如大通院、大光明寺是伏见宫的菩提寺，所以在大通院举行立柱之仪时，贞成亲王及近臣纷纷赠送礼物，"外様不及勧進①、只奉公輩也"，身份较疏远的外样不赠送贺礼，仅限于奉公之辈，由于"劝进"具有援助性的成分，而劝修寺则是关系较为疏远的，因此当劝修寺进献贺礼时，贞成亲王立即回赠，遵循有赠必答模式。

永享六年（1434 年）三月十六日，叙品宣下，正亲町三条尹子二品，南御方三品，十七日，三条少将作为室町殿的使者，亲信卿作为关白的使者纷纷前来道贺，十八日，中纳言作为前摄政的使者前来道贺。但十七日，召使幸继参，求贞成亲王赐禄，称从上样正亲町三条尹子处已得禄物千匹，贞成亲王虽不信，但赐练贯一重。后贞成亲王与西云谈及此事，西云言："上样赐其禄无此仪，您又赐其练贯一重，犹过，近明盛幸继对其极为偏袒，其所言可能为虚，公卿等叙品宣下时可给禄，但女中叙品宣下无需给禄，更何况召使乎？"贞成亲王听后追悔莫及。召使为宫中做家务者，属于地下众，尽管练贯一重并非贵重之物，但是对于家格较高的贵族而言，在无先例的情况下对地位低下者赐禄是与自己的身份等级不符的，是一种耻辱，因此贞成亲王悔不该当初。

在永享七年（1435 年）十二月三十日的岁末礼上，有重、康富

---

① "劝进"这一词语主要指劝说民众念佛诵经或寺院在修建改造时请求捐赠。

献太刀，贞成亲王回赠折纸五百匹，尽管有重、康富进献礼物，但是贞成亲王并不接见，在《看闻日记》中可以看到很多下位者进献礼物时贞成亲王不接见的情况。永享七年（1435 年）十二月十五日条，"焰煤扨、祝着如例、勧修寺中納言参、聊給盃、軈退出、園中納言参、物忩之間不对面、宇治隆祐律师初参、折紙三百疋献之、对面、戒光寺長老参、不对面"。园中纳言参见时，贞成亲王因为匆忙没有接见；因为宇治隆祐律师初次参见，贞成亲王接见，但是戒光寺长老参见时则不接见。再如永享七年（1435 年）十二月三十日条，"有重·康富御太刀献之、折紙五百匹被下、不对面"，永享八年（1436 年）正月十一日条，"尊勝院·修南院参、不对面"，贞成亲王针对不同的人、在不同的情况选择"接见"或"不接见"，进行严格的区分，但为何如此区分？区分的基准为何？在《看闻日记》中笔者并没有发现相关表述，今后有必要通过其他史料进行详细分析。

第四节　贞成亲王与室町殿之间的赠答

首先，贞成亲王与室町殿之间的送礼次数远远超过其他公家、寺家以及地下众；其次，除了乔迁、立柱、若公"御鱼味始"、若公诞生等场合外，还有很多临时性的贺礼，如重宝失而复得、叛乱平定等；最后，关于赠送的礼物，在"御汤始"、立柱、乔迁场合，赠送的礼物与公家相同，下位者的赠礼主要以剑为主，上位者的回礼以马、太刀为主（见表 2 - 5）。

室町殿的贺礼有如下特点。首先，在《看闻日记》中临时性的赠予多达四十余次。应永三十年（1423 年）三月十七日条，"勧修寺中納言以状申、明日室町殿御方将軍宣下云々、公武御礼物不可有残人歟、御馬·太刀之間、两御方被进者可然之由入根申、如此申告神妙也、太刀可用意只有返事了"。应永三十年（1423 年）三月十七日，足利义量将军宣下，公武之人被告知需向足利义持、足利义量进献礼物，不得有违，可赠送马或太刀，贞成亲王对于如此要求进献礼物非常不解，但回复使者赠送太刀。

表 2－5　贞成亲王与室町殿之间的赠答

时间	事项	事项	赠予者	受赠者	物品
应永二十七年（1420）一月七日	抑室町殿今日御湯始也、七日長病日也、八日雖不最上沐浴日也、可被宥用默之由申、医師士仏三位房被尋、七日最上吉日之由申、陰陽道勘進被棄之、任医師申状被用云々、三位房種々被下賜祿、常御所飾、具足・屏風絵・唐物共、御着用之小袖宿衣七領、若干重宝共被下云々、公家武家近習人々馬・太刀進之、菊第も馬一疋進云々	室町殿御湯始	公家、武家	室町殿	馬、太刀
正长二年（1429 年）三月九日	今日室町殿被加首服、加冠尾張守、理髪兼帯也、管領子息也、父法体之間、子慇仕云々、鹿苑院殿元服之時、細河武州加冠、其佳例云々、毎事厳重也、非公家之儀、一向武家申沙汰云々、其夜自禁・仙御馬・太刀被進、自武家又被進内里御剣・御馬一疋、仙洞御馬一疋、白太刀一腰・金百両被進云々、是依旧例如此、室町殿へ御剣・御馬自是も進之、諸家同前	足利义教殿元服	禁里、仙洞、武家、贞成亲王	室町殿	馬、太刀剣、馬剣、馬

续表

时间	事项	事项	赠予者	受赠者	物品
永享三年（1431年）八月二十二日	上御所、今日事始也、御剑进之、禁・仙・門跡以下御馬・御剣等被進云々	足利义教上御所新造始	贞成亲王	室町殿	剑
永享四年（1432年）五月九日	天下之重宝紛失、以外仰天之処出来、御悦喜無極、仍御礼御剣公家・武家進之、自是も可被進之由入江殿告奉之間、則三条へ遣書状、御剣先可被進之由令申、持経参、伊勢御宮笥持参、御共畏入之由申、有一献	天下之重宝粉失、以外仰天之処出来、	公家、武家、贞成亲王	室町殿	剑
六月二十五日	昨日兼宣旨之儀、先人々昼拜賀、三条中納言・別当・左大弁宰相・右廷尉佐資任等奏慶、夜、室町殿参内（略）今朝人々群参賀申、禁・仙、御馬・御剣、摂政以下或折紙被進云々、自是御剣進、付三条如例	室町殿兼宣旨	禁里、仙洞、贞成亲王	室町殿	剑
永享五年（1433年）七月二十九日	今日室町殿御笙始也、師範重秋参、重秋御剣一振・薄衣一領被下、先例云々、為秋・久秋、丶丶秋相伴参、各御剣持参、練貫一重各被下云々、竪日重秋御礼参、鞍置馬一疋拝領云々、自禁裏・仙御剣被進、自是御太刀進之、凡楽人悉参申御礼、非楽人者不参云々	室町殿御笙始	禁里、仙洞贞成亲王	室町殿	剑太刀
十一月二十四日	一昨日室町殿会所泉殿御迁徙也、自禁裏御剣被進云々、自是も可進之由三条被入根、仍御剣進之	御迁徙	贞成亲王	室町殿	剑

资料来源：宫内厅书陵部编《看闻日记二》卷6，《看闻日记三》卷12、卷14，《看闻日记四》卷18，明治书院，2012。

三月二十日条，"将军宣下事、诸人群参贺申、御马·太刀进云々、自是欲进之处、寻出太刀银剑也、当世不用赎之间俄阙如了、仍今日不进、无念也"。三月二十日，将军宣下，诸人群参，进献马、太刀，贞成亲王准备了太刀，但认为此物不妥，遂未进献，深表遗憾。

可见这种临时性的赠予并非自古有之，对于这突如其来的告知贞成亲王深感匪夷所思。但如表 2 - 5 所示，这种临时性的赠予在《看闻日记》中比比皆是，一般情况下是由三条提前告知，贞成亲王则准备剑以便翌日赠送。尽管贞成亲王为了准备这些临时性的礼物而煞费苦心，但是这种赠予是不能怠慢的，若有所懈怠则会受到严惩。

"光照院殿御母仪〈号庆云庵、即光照院内庵室也、鹿苑院殿御宠女、大炊御门故一品〈冬宗〉、女也、六十九岁云云、当时黑衣〉、今度大觉寺前门主御事诸人参贺之处、至昨日不被参贺之间、昨夕被仰此事、多年虽有违事等被优申光照院殿〈御妹也〉了、今度之仪超过之御趣也、仍御同居有其恐、被移住他所云云、记州蒚部庄有他御计会云云〈伊势守贞国拜领乎云云〉、〈鹿苑院殿御内书昨日被召御云云〉（「建」四月十一日条）。"

义昭讨伐后的四月十一日，义教的庶母光照院殿御母没有参加讨伐义昭的赠答仪式，义教将其居所与所领没收。[①] 可见，尽管是临时性的赠予，但是足利义教对于忽视其要求的公家绝不留情。

其次，下位者赠予的物品主要为剑，上位者赐予的物品多为太刀，尽管也存在下位者赠送太刀的情况，但这种情况较少。永享七年（1435 年）二月四日条，"若公降诞参贺、室町殿人々群参、自是御剑一进之、抑源宰相以状驰申、今朝人々参贺之时分、山门使

---

① 下川雅弘：《足利義教晩年の贈答儀礼》，驹沢女子大学，《研究紀要》第十六号，第 1～17 頁。

節四人被召捕、二人於御所召捕、二人於管領召捕、（略）公方御悦
喜快然、仍明日人々又参賀、御太刀可献云々、自是も可被進之由
告申間、俄太刀尋三条へ状等書遣了"。若公诞生，众人进献剑，但
同时今日山门使节被捕，明日公武又需进献，匆忙之中贞成亲王只
准备了太刀，遂回复进献太刀。由此推测对于中世之人，太刀与剑
具有不同含义。

第五节　《满济准后日记》中的赠答

一　寺家之间的贺礼

在《满济准后日记》中寺家之间的赠答主要体现在立柱上栋的
仪式上，赠予的物品与公家集团相同，均为马（见表 2-6）。

表 2-6　寺家之间的贺礼

时间	事项	事项	赠予者	受赠者	物品
应永二十年（1413 年）十一月二十四日	金剛輪院護摩堂立柱上棟。自方々馬到来。	立柱上栋	方々	金刚轮院	马
应永二十九年（1422 年）八月十九日	今日院御所御会所立柱上棟。諸門跡御馬事。	立柱上栋	诸门迹	院御所御会所	马
应永三十二年（1425 年）十一月三日	相国寺佛殿立柱。諸門跡公家武家御馬各引進之。	立柱	诸门迹	相国寺	马、太刀
永享六年（1434 年）七月十三日	金院御厨司所立柱上棟沙汰之。馬少々到来。理性院以下也。	立柱上栋	理性院	金院	马

资料来源：满济：《满济准后日记》上、下，续群书类从完成会，昭和 33 年。

寺家之间的赠予与贞成亲王与公家之间的赠予类似，包含一定

的援助性成分。

二 寺家对室町殿的贺礼

寺家针对室町殿的贺礼主要在立柱上栋、将军宣下、搬迁、元服等仪式上，赠予的物品与公家的剑有所不同，主要以太刀为主（见表2-7）。

表 2-7 寺家的贺礼

时间	事项	事项	赠予者	受赠者	物品
应永二十一年（1414）三月八日	山上清龙宫立柱上栋。自公方御马。月毛。管領。河原毛。	立柱上栋	公方。管领。	青龙宫	馬
应永三十年（1423）三月十八日	今日御方御所様将军宣下。諸大名御太刀馬引進上云々。两御所大略同前。但大名外御太刀計云々。	将军宣下	诸大名大名外样	室町殿	太刀、馬太刀
应永三十五年（1428）三月十二日	今日当御所様被里御発。此时諸大名各参。御太刀進之云々。大名近習以下参輩悉裏打云々。御一献之後参。折紙千疋持参。御馬一匹御太刀一腰関白へ被進之。内裏仙洞两御所へモ各御馬御剣被進之云々。内裏へ御使勧修寺中納言経興卿。	御所様被里御发	大名大名近习以下辈内里、仙洞	两御所	太刀折纸、馬馬、剑
正长二年（1429年）三月十二日	姫君降誕云々。千疋折紙殊更進了。御台并姫君各千疋折紙進之了。	姫君诞生	满济	室町殿御台、姫君	千匹千匹
三月二十四日	今日僧俗参賀。两人太刀持参之。	室町殿御参内始	僧俗	室町殿	太刀

时间	事项	事项	赠予者	受赠者	物品
三月三十日	昨日昇晋珍重御礼事。御礼物事俗中悉大刀云々。但予。圣护院准後。折紙。進之。自余悉太刀也。	晋升	僧俗满济、圣护院准后	室町殿	大刀 折纸 千匹

资料来源：满济：《满济准后日记》上，续群书类从完成会，昭和 33 年。

在寺家与室町殿的赠予中没有临时性的赠予。应永三十年（1423 年）二月二十四日条，"今日仙洞御湯始。公家辈大略御馬引進之云々"。满济提及，在后小松上皇御汤始的仪式上，公家纷纷进献马，而寺家没有进献礼物，可见在公家集团的人生礼仪等场合，寺家不进献礼物。

第六节　中世日本人的刀剑观

一　剑的赠予

通过《看闻日记》中贞成亲王与室町殿的赠答以及《满济准后日记》中满济与室町殿的赠答可以发现，公家赠送的礼物以剑为主，寺家赠送的礼物以太刀为主。

《看闻日记》永享四年（1432 年）二月二十四日条，"今日室町殿御会所上棟云々、御劍進之、後聞、禁・仙・摂家以下御馬被進云々、御会所之外棟共あまた上棟云々、而御剣許進、越度也"。在室町殿御会所上栋的仪式上，贞成亲王赠送剑，而后听闻后花园天皇、后小松上皇以及其他公家均赠送马，不禁认为自己的礼物不妥。

永享五年（1433 年）四月二十一日条，"庭田以状馳申、大内新介腹切之由、夜前注進申、仍人々参賀室町殿、御劍進、自是御太刀被進之由申、三条遣状、御劍進可得其意之由令申"。大内新介剖腹，众人参贺室町殿，进献剑，贞成亲王告知三条进献太刀，而三条建议进献剑。

永享六年（1434 年）十月七日条，"神輿事先無為珍重之御礼、御剣一腰室町殿進之、付三条如例、源宰相帰参、今朝関白以下群参、有御対面、御太刀人々雖進被返云々、自是御剣被召置、禁裏被進云々"。神兴事顺利举行，贞成亲王赠送剑，其他公卿赠送太刀，而太刀被室町殿退回，贞成亲王赠送的剑则被留下。

永享八年（1436 年）六月二十七日条，"室町殿御厩被建立柱云々、御馬一牽進之、山門中堂地鎮云々、其御礼御剣一進之、自内裏御馬・御剣被進、人々御礼参、自三条馬給云々、（略）三条も厩建立柱云々、仍太刀一・江蓙二十籠遣之"。室町殿举行立柱仪式，贞成亲王赠送剑，而在近臣三条立柱的仪式上贞成亲王则赠送太刀。

再如永享四年（1432 年）五月九日条，"抑室町殿重代之御剣二粉失、此間鹿苑院御座御留守之間、人盗取云々、七日被見付、御会所之御塗籠之内被置、件剣ヌケ丸云々、仍洛中土蔵ニ被触仰被相尋之処、土蔵両所ニ件剣預置、則取進之間、天下之重宝粉失、以外仰天之処出来、御悦喜無極、仍御礼御剣公家・武家進之、自是可被進之由入江殿告奉之間、則三条へ遣書状、御剣先可被進之由令申"。室町殿的重宝丢失，失而复得后"悦喜无极"，公家、武家进献剑以示祝贺。

永享四年（1432 年）五月十五日条，"聞、室町殿以僧百人七日大般若経真読・観音忏法等被行、是御剣粉失之御祈禱云々、御剣失事真実不思儀表事云々、塗籠二重戸鏁をねぢ切て取之、容易人不出入所也、而失之条怪異歟云々、盗人未被露顕"。因为重宝丢失，事出蹊跷，僧侣百人遂举行诵读大般若经、观音忏法会，可见室町殿对于剑的重视。

除了公家向室町殿赠送剑之外，公家集团内部也不断赠送剑，如永享二年（1430年）十一月十二日条，"葉室中納言参、御剣一献之、对面、四辻宰相中将参、御剣持参、於殿上劝盃、太刀一对更賜之"。叶室中纳言献剑，四辻宰相中将献剑，贞成亲王赐四辻宰相中将太刀一对。

二　太刀的赠予

在《满济准后日记》中除寺家对室町殿赠送太刀之外，寺家之间也频频赠送太刀，如应永三十四年（1427年）四月十五日条，"八幡社務芳清法印去十日参賀礼。馬一疋。太刀一振。遣之"。应永三十五年（1428年）十月一日条，"恒例爱染護摩始行。二千疋随身。仍三重香合高檀紙等遣之了。慈恩院一重太刀遣之"。除了寺家之间的赠予之外，在宗教仪式上，寺家也多进献太刀。如应永三十四年（1427年）正月十六日条，"今日祇园北野平野五霊等每年参詣。於五灵献太刀。年々佳儀也"。而在《看闻日记》中，太刀的赠予多见于上位者对下位者，如贞成亲王赐乐者太刀，应永二十四年（1417年）三月二十六日条，"芝殿召出参候、一献数巡、乱舞尽其興、太刀一振引物献之"。尽管少数情况是下位者针对贞成亲王赠送太刀的情况，如应永二十五年（1418年）八月四日条，"源宰相参、御憑太刀一振持参、小一献申沙汰"，但多数情况是贞成亲王赠送下位者太刀。

关于太刀的赠予，《满济准后日记》正长二年（1429年）八月六日条，"今日御室妙法院宫以下。御持僧外諸門跡。南都両門跡并諸院家等群参云々。申次永豊朝臣着狩衣云々。自御室馬一疋被引進云々。此事一昨日以寺家内々御談合事在之。其子細八此間每度何样御礼時。任当時風儀太刀進之了。雖然於身不相应無極。可为何様哉云々。御返答云。如仰諸門跡御太刀持参事。以外不相应事候也。一向故勝定院殿御代末方ヨリ事候歟。但南都僧綱八多年次法式候キ。何樣其門跡樣御沙汰八御馬牛等之間宜候哉。自今以後事此边モ其旨存定云々。仍今日自御使御馬被引献歟。"今日御室妙法院、御持僧、諸院家参室町殿、御室进献马。御室关于进献礼物一事与满济商谈，御室云："此间每每赠送礼物都按当时流行之仪赠送太刀，但太刀与己身份不符，如何是好？"满济答："诚如所言，门迹进献太刀与身份不符，是胜定院殿御代末事，但南都僧綱举行法事多年如此，门迹赠送牛马亦妥。今后献马尤可。"御室遂于今日献马。

通过满济的表述可以发现，在公家、寺家与室町殿的赠予中，剑是符合公家身份的礼物，太刀是符合寺家及武家身份的礼物。与此同时，因为赠送太刀为当时流行之仪，因此贞成亲王多赠送下位者太刀，有时近臣也会赠送贞成亲王太刀。

三　日本人的刀剑观

室町殿在临时性的赠予中频频要求公家集团赠送剑，而在《满济准后日记》中却不存在室町殿要求寺家赠予的情况，室町殿对于剑为何如此执着？刀剑对于生活在中世的日本人具有何种意义？中世日本人究竟持有何种刀剑观？笔者首先依据先行研究中比较有代表性的酒井利信的《日本精神史的刀剑观》进行简要说明。

日本人一般认为两侧有刃的为剑，一侧有刃的为刀。关于刀剑，在日本历史上有很多称呼，如记纪神话中称"剑""御刀""刀""横刀"等，在古代神话中，"たち"是刀、剑的总称。之后，刀成为武器中的主流，一侧有刃的直刀被叫作大刀，在平安时代中期以后的日本，刀被叫作太刀，在佩戴太刀时需将刃朝下，后来将刃朝上的二尺刀称作打刀，近世武士所佩戴的即为打刀。尽管一般情况下称作"刀剑"，但是无论在中国还是在日本，都倾向于以剑为尊，也就是说，将剑神圣化的倾向较为普遍。在日本尽管使用的是刀，但没有人称刀术、刀道，而是说剑术、剑道，尽管说刀剑观，但主要还是指剑观，很少有人说刀观。

追本溯源，日本的刀剑观源自中国。《史记·高祖本纪》中记载汉高祖刘邦起义时以剑斩蛇，高祖的斩蛇剑尽管只有三尺，但是可以取天下，后人将其称为斩蛇剑。前汉时代刘向所著的《说苑》中"干将莫邪"斩蛇剑具有很强的实用性，在古代中国被看作帝王权力的象征。以汉朝为界，剑作为武器的作用被直刀取代。尽管剑从战场上消失但是其作为仪仗时的兵器在信仰领域获得一席之地。

刀剑从中国传到日本后，剑并没有成为武器而是成为祭祀时的道具。自弥生时代中期，日本开始生产刀剑，但是当时的剑体积极大，无法在战场上使用，因此从一开始即作为祭祀的仪器。从神庭荒神谷遗迹中发掘出来的铜剑是祭祀时使用的，此剑比作为武器的细形铜剑大得多。关于刀剑的最初记载出现在记纪神话中。伊耶那岐命、伊耶那美命二神生育了众神，最后生育火神，伊耶那美命被烧死，从死去的伊耶那美命身上化生了更多的神，悲痛交加的伊耶那岐命用十拳剑杀死火神，从刀剑中又生化出各种神。

在记纪神话中还有"退治大蛇"的神话。在"退治大蛇"的神话中，须佐之男从大蛇的尾巴中得到神剑并将其献给天照大神，这把剑最初被叫作天业云剑，后来被称作草薙剑。在记纪神话中世界分为天上界的高天原和地下界的苇原中国。高天原是天神居住的非日常性的世界，苇原中国是日常性的俗界，其中三种神器之一的草薙剑就是连接天上和地下的剑，草薙剑是日本刀剑观的核心。在神武天皇东征中，刀剑也发挥了重要作用。神武天皇东征时，在熊野遭遇熊野山神的毒气而昏迷，部下也都昏迷不醒。这时熊野的高仓下献上一把宝剑，因为这把宝剑的威力，神武天皇恢复元气，而熊野的荒神还未被刀剑割杀就已经死亡了。在中国，刀剑观与武力、政治斗争相关，而在日本刀剑观则与信仰、宗教相关。古代日本的政治与信仰并不融合，政治操控信仰，当时的君主是咒术王，通过咒术统治民众，其道具就是具有代表性的三种神器，因此在古代日本武力支配并不为人们所重视。在平安时代以前，即公家执政的时代，公家社会并不重视三种神器，但是到了镰仓时代，即从宫廷贵族执政时代到武士统治时代，《平家物语》中开始强调刀剑的重要性。这是因为武家行使武力的正当性需要从朝廷一方得到保障，保障的证据即三种神器，因此，在镰仓时代以前三种神器的作用并不突出，从镰仓时代以后人们开始宣扬三种神器的神圣性。到南北朝、室町时代，三种神器的概念普及，草薙剑是真是假，甚至是否存在都已经不重要了，不具有实际意义仅具有象征性的草薙剑，成为中世武士不可或缺的精神支柱。

酒井利信主要从神话故事、宗教仪式中分析剑的象征性，强调剑在日本精神史上所发挥的作用。笔者查阅了《刀与日本人》《镜与剑》《刀剑的历史与思想》《日本精神史的刀剑观》等书发现，这些著作首先将刀剑作为一体进行阐述，而未将刀、剑作为不同的个体，并且论述时多侧重于剑。另外多通过神话故事、宗教仪式强调剑的神圣性、权威性，而对日常生活中的佩剑、赠剑等行为对剑在精神层面所发挥作用的论述较少，但笔者通过《看闻日记》及《满济准后日记》的研究发现，剑的象征性、权威性不仅体现在神话故事、宗教仪式上，也体现在日常生活中，如仪式性场合上的佩剑以及赠答场合上的赠剑。

应永二十六年（1419 年）八月十六日条，"三位・重有・長資朝臣帰参、放生会厳重之由語之、神幸卯刻写殿渡御、午刻還幸、酉刻毎事無為無遣乱云々、抑長資朝臣次将出仕、室町殿供奉而带剣尻鞘入、日野一品等面々難之、五位入尻鞘、於四位不可有尻鞘云々、経良卿諫云、近例如此、且家例之由称之、面々一咲云々、

近衛将誰も不入尻鞘云々、尤不審、先例如何、三方宿所へ罢向一
献料樾等遣之、難仪之子細令申之間、先免許云々"。此条目为贞成
亲王的传闻，近臣三位、重有、长资朝臣前来告知放生会上关于佩
剑的争论。放生会上，室町殿佩带有尻鞘①的剑，对此日野一品等面
露难色，认为五位可以佩带有尻鞘的剑，而四位则不可。经良卿谏
云，近例如此，而且此为家例，但室町殿对此仍有所质疑，详细询
问三方仪式的礼仪，因为此仪式较为复杂，室町殿就暂且作罢。因
为佩剑是一种地位的象征，因此室町时代人们对于这一权威性物品
的佩带是极为讲究的。

除了对佩剑有所考究之外，如前所述，对于刀剑的赠予也是有
所区分的，多数情况是公家赠送室町殿剑，寺家赠送太刀。笔者认
为，在日本的赠予文化中，剑作为象征权威的物品在公家集团之间、
武家集团之间被频繁地赠予，剑已逐渐被神圣化，象征着权力、地
位、服从，正如在中国手持尚方宝剑即拥有特许的权力一样，在日
本手持宝剑象征着统治的合法性。武士阶层在政治不稳定的时期，
尽管有强大的权力，施行权力政治，但仅仅依靠武力而使公家集团、
寺家集团臣服有些勉强，因此需要将剑作为权威的象征，同时公家
集团在大权旁落之际，将权威性作为其存在的唯一合理性，而代表
这一权威性的物品即为剑。正如酒井利信所指出的，古代日本的君
主是咒术王，通过举行祭祀活动统治民众，武力支配并不为古代人
所重视。因此无论是公家集团还是武家集团对于剑都有一种特殊的
偏爱，为了凸显自己的政治权威而希望在赠予中得到剑，而足利义
教更为极端，频频要求公家赠送剑，这一强制性的赠予更凸显出其
对权力的执着与渴望。

而关于太刀的赠予，笔者在前面提及，多见于公家集团内部上

---

① 尻鞘是指用动物的皮毛缝制成筒状的、遮盖到剑把的袋子，并用皮绳系上，在佩带时这
种袋子冲着剑把呈扩散状，佩带者用此的主要目的是彰显威严。

位者对下位者的赠予以及寺家对室町殿的赠予。小川和佑在《刀与日本人》中指出，日本刀这一词语最初出现在近世林罗山的《相刀目录序》中，新渡户稻造在《武士道》的第十三章"刀·武士之魂"中写道，"武士道以刀作为其力量与勇气的象征"，脍炙人口的"刀是武士的灵魂"在近世开始流行。可见，刀更多的是作为武士道的精神、武士权力的象征而被论述的。

综观先行研究，尽管没有研究者将刀剑区别论述，但笔者推测，从古代到平安时代，剑多出现在宗教仪式以及神话故事中，这是因为其具有神圣性。从镰仓时代到室町时代，剑与刀分别具有不同的意义，剑是权威性的象征，而刀作为武士的武器是权力的象征，在武家执政并不稳定的时期，室町殿仍需要剑体现其权威性，因此剑在赠予中受到推崇。而且正如前面所分析的，足利义教频频要求公家赠予剑，而在《满济准后日记》中则没有如此的表述，这是因为室町殿希望公家对其臣服，试图凌驾于公家集团之上，但其与寺家关系较为亲近，则不需要通过剑的赠予表现自己的权力。而进入近世，武家执政进入稳定期，刀作为武士道精神的象征开始受到重视，武士佩刀也成为一种身份的象征。

第七节　小结

在本章中，笔者重点考察了在人生礼仪、立柱、乔迁的喜庆场合，贞成亲王与近臣、寺家、后小松上皇、地下众、室町殿之间的赠答以及满济与寺家、室町殿之间的赠答，可以发现，针对不同圈层的人，赠送的礼物、赠答原则有所不同。贞成亲王与近臣的赠答模式是：首先，赠送的礼物从一献、衣服、沙金、盆、香合等日常用品，到太刀、剑等象征性物品，无所不包，而且在"立柱"仪式上，无论上位者还是下位者都要赠送马，尽管马不受欢迎，但这是特定场合上定型化的礼物。其次，赠答时上位者不回赠的情况较多，并不遵循有赠有答模式。最后，下位者的赠礼比上位者的赠礼郑重，而上位者则较随意，可以认为，个人根据自己的身份基于义理原则赠送礼物，这种赠送中包含援助性的成分。

贞成亲王与寺家之间的关系较为亲密，但有亲疏远近之分，如大通院、大光明寺是伏见宫的菩提寺，所以当大通院举行立柱仪式时，贞成亲王及近臣纷纷"劝进"进行援助；由于与劝修寺的关系较为疏远，因此，与劝修寺之间遵循有赠有答的模式。

对于后小松上皇的贺礼，在不同场合也略有不同。在立柱等场合赠送马，在"御汤始"这一场合，公家、武家赠送相应的礼物，公家以马为主，室町殿赠送衣服等，后小松上皇对公家不回赠，但是对于室町殿则进行回赠。对于后小松上皇的回赠行为可以认为，室町殿是需要谨慎对待的他人圈层，是上位者与上位者之间的赠答，因此后小松上皇需要遵循有赠有答模式，而对于下位者则不需要遵循这一模式。

贞成亲王与非近臣的下位者之间遵循有赠有答模式，但贞成亲王并不接见，如在永享七年（1435年）十二月三十日的岁末礼上，有重、康富献太刀，贞成亲王回赠折纸五百匹，但是贞成亲王并不接见。可见针对他人圈层的交换模式趋于没有情感的物物交换，交换过程趋于同时进行，没有时间差。

而贞成亲王与室町殿之间的赠答次数较多，除了人生礼仪、立柱上栋、乔迁等场合外，室町殿还要求很多临时性的赠予，如重宝失而复得、叛乱被平定等，这种情况下的赠予多是室町殿的传奏提前告知，之后贞成亲王准备，赠送的礼物是定型化的，即剑。这种赠予模式可以看作强制性的赠予，若下位者不赠送则会受到严惩，一般情况下是有赠无答。

满济与寺家在立柱上栋的仪式上按照当时的风俗赠送马，在室町殿元服、若公诞生、乔迁等喜庆场合多赠送太刀，并且与室町殿的赠答中不存在公家集团中的临时性赠予。

通过对《看闻日记》《满济准后日记》的分析可以看出，在不同场合人们对于刀剑的赠予是区别对待的，剑更多地代表权威，更具有象征含义，而刀更多地代表权力。而剑之所以受到推崇，首先，源于剑在日本精神史上所具有的特殊含义，剑在记纪神话中具有象征意义，作为三种神器之一具有权威性，在武士崛起的镰仓时代，剑的这一神圣性更加受到重视。其次，源于公武的权力的不稳定性，尽管足利义教大权在握，但是其统治的正统性还需强化，统治者除了掌握权力之外，还需要具有权威，只有集权力、权威于一身才能使自己的地位得到巩固。因此足利义教对于神圣化的礼物极为执着，近乎疯狂地要求公家对其进献剑，但就如同沙子握得越紧流失得越快一样，足利义教愈希望掌握权力，主宰一切，下层的反抗愈强烈。足利义教最终在嘉吉元年（1441 年）六月二十五日被家臣赤松满祐弑杀，贞成亲王不禁感叹，"自業自得果無力事歟、将軍如此犬死、古来不聞其例事也、（略）盛者必衰之理眼前也"。足利义教违背先例，强制要求公家赠送剑，但得道者多助，失道者寡助，足利一族的幕府统治也在足利义教死后一蹶不振，势力一落千丈。可见如果违背先例，要求强制性的赠予，即使拥有再多的宝剑，统治也终究会土崩瓦解的。

第三章
宴会、行幸中的赠答模式

日本是一个祭祀活动较多的国家，如祇园祭、裸体祭、喧哗祭、恶态祭等。在喧闹的祭祀仪式上，人们脱离日常生活秩序，过度饮食、释放能量，无任何掩饰，日常生活秩序被打乱，以喧嚣为特征。伊藤幹治将这种祭定义为"祝仪"，称其为"反日常世界"。与此同时，伊藤幹治提出"祭仪"这一概念，认为"祭仪"是按照严格的程序在庄重严肃的氛围中举行的仪式，通过物忌与精进，进行神人交流，在这一仪式上，日常生活秩序被高度浓缩，规范被强化，"超日常世界"是其表象。① 但除了"反日常世界"和"超日常世界"以外，还存在非日常世界，非日常世界又可分为花道、茶道、连歌会等具有游戏性质的场合以及按照一定程序所举行的行幸。

在茶会、连歌会上，在被隔离的空间里，在有限的时间内人们严格遵循某种规则进行交流，在这一仪式上并非神人交流，而是在庄重的氛围下通过饮茶、宴饮而达到某种精神上的融合。在《看闻日记》中有很多关于茶会、连歌会等的描述，在非日常的场合，人们的赠答也是非日常的。除此之外，行幸时的赠答行为，也具有一定的非日常性，因此笔者在本章中以宴会、行幸为例考察非日常性场合的赠答。②

---

① 伊藤幹治：《宴と日本文化》，中公新书，昭和 59 年，第 71 頁。
② 在茶会、连歌会等仪式上，多数情况下室町殿与后小松上皇均参加，因此无法像其他章节那样区分出贞成亲王与不同身份人之间的赠答。在本章中，笔者仅分析贞成亲王与近臣之间的赠答、室町殿在场的赠答。

第一节　贞成亲王与近臣之间的赠答

在茶会上，有严格的程序，笔者以应永二十三年（1416 年）三月七日的茶会为例进行说明。是日，绫小路三位（田向经良）、寿藏主、禅启为头役①，绫小路未参加，而玉櫛禅门参加，贞成亲王对此甚是喜悦。先是装饰场所，立屏风于汤殿庭前，奖品被放置于广厢，以柳樱装饰大黑天神，地下散沙，沙沙作响。寿藏主、禅启作为头役进献新车、富士山等，所进之物较为稀奇，男男女女群集而见，先有一献，次回茶，竞赛中，禅启获胜，取恩赏。酒宴三献之间，禅启申可召桂女，则桂女二人参，香衣云鬓，将佳肴放入桶中，姿态曼妙。接下来公家通过抽签选择奖品，歌舞者咏田歌，舞"植早苗"舞，前宰相吹笛，三位、重有、长资朝臣打拍附和，贞成亲王赐扇。广时以猿姿站立，舞姿极尽风情，贞成亲王赐扇。旋即，公私共饮藤花杯，酩酊大醉，畅饮至天晓。应永二十三年（1416 年）三月一日也举行了隆重的茶会（见表 3-1）。

表 3-1　贞成亲王与近臣之间的赠答

时间	事　项
应永二十三年（1416）三月一日	先日順事有茶会、新御所・重有朝臣・広時頭役也、一献広時奉行、有風流、長櫃二合、種々肴点心等納之、其中大蓑一、又有大槌号打出小槌、又桃花枝ニ芋ヲ付、号西王母園桃、凡其風情逸興無極、次懸物、新御所被出之、船一艘、女房一人、乗之、舟之軸前ニ扇ヲ立、那須与一射房（扇）風情云々、舟中種々物被納、又弓一張、箭一手、梅花一枝、号金仙花、又花枝ニ付鴈、竹瓶ニ立、已上新御所御分、弓一張、矢一手、的一・文筥一、檀紙御杯、榱肴等、以上重有朝臣所進也、花一枝、広時献之、会所聊被飾之、立屏風絵三

---

① 指村落举行祭祀活动、神事时的负责人，在中世以后主要指在宫座等设施内负责铺设工作的人，笔者认为在这里具有干事的含义。

时间	事　项
	幅、懸之、茶碗瓶一対、卓二居、伏見院宸笔一卷懸之、先茶以前一献、次回茶、一矢数禅啓也、則取恩賞、次酒宴之间懸物共落孔子二取、茶不飲人数男女皆取之、孔子不取当人ニも一種ツ、配分、惣得庵主・比丘尼两三被召加、一献数杯之後、梅花杯被闻食、面々至極沈酔之间、或逃不飲之、音曲乱舞、終日尽興、及深更事了

资料来源：宫内厅书陵部编《看闻日记一》卷 2，明治书院，2012。

在茶会上，头役者赠送礼物，但是赠送的礼物并非实用之物，而是极为华丽的装饰物，这种物品在日常生活中极为稀有。如应永二十三年（1416 年）二月二十六日头役的礼物为花枝，贞成亲王作为头役赠送的花枝上系有风铃，长资朝臣所进花枝五种颜色，行光进献花枝以及犬箱张子[①]。尽管赠送的礼物珍贵新奇，但仅为欣赏所用。在三月一日的茶会上，广时赠送一献，其中有各种点心，供大家品尝。可见在公家集团的茶会上，尽管有一定的仪式，但是以饮酒作乐、欣赏舞乐为主。再如，永享七年（1435 年）三月四日条，"庭前花賞翫如历年、宮中外様人々一種一瓶持参、（略）先連歌五十韻、次当座詠歌卅首、次一献初三献了有推参孔子、其後梅花飲等、大飲酒盛乱舞、堂上地下廻雪翻袖、在他沈酔無極"。人们遵循着一定的秩序，尽情地享受这一美妙的时光。在这一仪式上公家集团沟通感情、加强连带，增强集团内部的凝聚力。

第二节　室町殿在场的赠答

应永二十三年（1416 年）二月二十九日，在禁里舞御览的仪式上，室町殿出席，仪式较为隆重，室町殿进献一献，除此之外进献

---

① 镂空的犬状的箱子。

万匹，"每事荘観難覃言詞云々"，舞月十番，舞乐之仪进展顺利，
但是乐人关于吹筝、笛的节点有争议。应永二十四年（1417 年）七
月二十六日，室町殿参见后小松上皇，作为顺茶事头役，进献一献
料五千匹、奖品数十种，公家通过抽签来决定所得奖品。永享四年
（1432 年）四月二十九日，在室町殿举办的连歌会上，赐摄政、左
府重宝，广桥虽非被召之人，但是也被赐予重宝，随后广桥又将重
宝返回。永享十年（1438 年）四月十一日，在禁里月次连歌的仪式
上，室町殿作为头役，进献一献及万匹。永享十年（1438 年）四月
二十一日，在后花园天皇观赏舞蹈的仪式上，室町殿出席，贞成亲
王进献折五合、船一艘。后花园天皇赠送室町殿礼物——绫御服、
金襕三段、缎子五段、金香炉等，后花园天皇赠送上样礼物、小袖
十重、金襕一反、缎子三反等。四月二十五日，在后花园天皇观赏
舞蹈的仪式上，室町殿作为头役出席，未刻有舞乐，其间出题，宫
御方、隆富朝臣、持经朝臣、重贤、行资、重仲等吟咏，有一献，
终日歌舞升平，其间有数献，吟咏和歌，之后有连歌，亥刻舞了，
室町殿于仪式上赠送剑、金具足、沙金五里、绘三幅、香筥、印龙、
香炉、金唐盏、花瓶、水瓶、马等共二十八种，"重宝共惊目"。

在室町殿出席的仪式上，仪式较为隆重，公家、武家均进献礼
物，而室町殿的礼物则多为贵重之物，特别是室町殿作为头役参加
时，多赠送重宝，仪式结束之后，公家赠室町殿礼物以庆祝仪式的
顺利举行。

表 3-2　室町殿出席的场合

时间	事　项
正长二年（1429 年）八月二十五日	仙洞有舞御覧、室町殿被参、別而被召請申、御結構也、摂政・三宝院御請飯祗候、一献破子等被尽善美云々、女中御陪膳也、室町殿万疋持参、申一点舞楽始、子初点中、舞了御退出云々（略）室町殿御引物、平鞘御剣一・御馬一疋・花瓶一・盆一・四幅一対唐絵花鳥・盆一、摂政引物、馬一疋・白太刀一、三宝院唐物種々被下云々

时间	事　项
永 享 十 年 （1438） 四 月 二 十 六 日	大炊御门前内府参、舞御覧无为珍重之由被申、不対面、南御方室町殿御礼参、内裏女中被参云々、男御礼無今日、明日云々、仍自是御礼不申、賀茂社务富久参、舞御覧無为目出之由申、重賢申次、郷秋参、対面、舞楽事寻、景胜参、大曲所作事賀仰、不対面、南御方被归、公方御见参有一献、典侍・勾当・御乳人参云々、公方内裏女中美物济々被進云々、二十一日室町殿被進物、御剣平鞘・绫御服十重下練貫・金襴三段・缎子五段・金香炉・金香合・堆红香・銀釣物一対・高檀紙十帖・盆七枚、上样被進物、小袖十重・金襴一反・缎子三反・金香炉一・金香一・きり壺・盆五枚、已上二十五日内裏へ被進当座御引出物、御剣二腰・沙金五裏・絵三幅香筥・削红・印龍・香炉・金唐盏・同台・唐糸・御硯・御水入・御花瓶一対・堆红筥・からすみ十廷・御食楼・大海・香炉・なんりやうの御坏・唤鐘・きんほうるりの花瓶・御やたて・水瓶・しゆす三反・筆架・御鏡・御盆二十二枚・銀盆二枚・御馬一疋、舞御覧无为珍重内裏被申、勾当内々遣状、沈酔云々、無返事

资料来源：宫内厅书陵部编《看闻日记三》卷12，明治书院，2012。

第三节　《满济准后日记》中的赠答

在《满济准后日记》中，茶会、连歌会等非仪式性场合远少于《看闻日记》，但满济出席的场合多为公家、武家均在场的场合，在满济的表述中同样可以看出，在茶会等仪式上，室町殿、后小松上皇赠送的多为重宝。如正长二年（1429 年）八月二十五日条，在后小松上皇舞御览仪式上，室町殿进献折纸万匹，满济进献折纸二千匹，后小松上皇回赠室町殿七种礼物，皆为重宝（见表 3－3）。

而在寺家之间的连歌会上，仪式较为简单，如正长二年（1429年）二月二十九日条，"今日恒例歌始。并连歌始。先々二十五日令沙汰了。当年依指合遲引了。出题飞鸟井宰相。社头祝君。于醍醐沙汰之"。寺家与公家类似，仅仅是本集团内部的自娱自乐，因此在这一场合并不需要礼物的赠予。

表 3 – 3　非仪式性场合的赠答

时间	事　项
正长二年（1429）八月二十五日	今日於院御所舞御覧在之。室町殿万疋御折紙御持参。予二千疋持参。共万里少路大納言披露之了。自仙洞以万里少路大納言御引物被進室町殿也。御馬。御太刀。御盆一枚。七宝瑠璃水瓶。御盆一枚。四幅絵。胡铜水瓶。以上七色云々。悉以重宝云々
永享二年（1430年）五月十日	於室町殿月次御連歌御会在之。御対面。盆一枚。香合一。扇百本被遣之
六月十一日	奥御会所今度初大将御拝見。仍万疋并御剣一腰被持参申了。予三千疋折紙進之。摂政千疋云々。此时御剣被進之
六月十三日	今朝自仙洞以四辻宰相中将種々宝物被下之。盆。香吕。段子一端。花瓶。引合十帖。眉目至万々也。一重太刀献宰相中将了
永享三年（1431）正月十一日	今日申初乎於室町殿御所申月。御引物三献度進之。例式御屏風一双。練貫十重。金襴一段。高檀紙十帖。以上五色。自実池院練貫五重。十帖。大名等悉二重太刀。室町殿万疋随身被召置。仙洞申楽小児小男两人被召出之。此万疋被下了。去年如此歟。予三千匹折紙進之。则赐申乐也
正月十三日	御歌御会始。一献以前各太刀進之。年始初度御会御祝着儀也。予千疋折紙進之。两三年佳儀也。赤松入道来。一重太刀遣之了。自御前折二合拝領。御使立阿。初夜时之间不及对谒。二百疋赐之了

资料来源：满济：《满济准后日记》下，续群书类从完成会，昭和33年。

第四节　行幸场合中的赠答

在行幸上，人们纷纷进献重宝，此时的赠予同茶会的场合类似，赠送的礼物不仅数量多而且极为贵重（表 3 – 4 为《看闻日记》中的赠答，表 3 – 5 为《满济准后日记》中的赠答）。

《看闻日记》中永享二年（1430 年）四月二十九日条，"行幸無為珍重之由室町殿賀申、勧修寺中納言付状如例、諸人群参賀申云々、室町殿院参、自仙洞被進御引物、御剣一腰・御馬一疋・茶碗花瓶七・箱一・盆一枚"。后小松上皇赠予室町殿剑、马、茶碗花瓶

表 3 - 4　行幸场合中的赠答模式

时间	事　项
应永三十年（1423 年）九月十一日	抑昨夕御幸事委细闻之、女院御引物御服云々、竖朝室町殿院参、御引物持参、平鞘御太刀、御道服二、纳盆、沙金三百両入盆、花瓶七、香箱一、御茶、具足、银盆入、御铫子提・椵手洗・缱綢御座二帖、其後座敷饰悉被进之、盆・香箱・花瓶等无种類重宝云々、幸末佐小袖三重・太刀一振赐之、毎事快然无为无事云々、今夜有空骚動、諸大名手物共馳集、上杉身上云々、然而无殊事、夜々物惣如此、翌日仙洞近習公卿・殿上人被召集有一献、沙金一両、公卿被下、殿上人二分、御配分云々、自室町殿公卿御马一疋各赐之
永享二年（1430 年）四月二十八日	今日仙洞室町殿（略）御引物寝殿剑一腰・御马一疋　御会所御服三十重・御剑一・砂金三囊・银盆一・檀纸十帖・奥御会所 御服十重・御剑一腰・食籠・鸭香炉一・方盆一枚・香合一・盆一枚・円台一・盆一・纯子五端・盆一・檀纸十帖、上臈练贯五重・檀纸十帖、廊御方练贯五重・檀纸十帖、左衞门督　练贯三重・檀纸十帖
永享九年（1437 年）十一月二十二日	抑禁裏有一献、行幸御贺酒也、公卿各白御服二重・沙金二両、殿上人一重・金一両皆同被下、但别当盆・香合被副、别御赏翫也、公綱虽被召不参、曇子一反・盆一枚・御服一重・金一両被送遣云々、永基朝臣一重・金一両被下、以益不拝领云々、夜御乳人御服三重・沙金五両持参、予被下、宫御方金二両・御服二重、南御方御服二重・金二両被进

资料来源：宫内厅书陵部编《看闻日记二》卷 9,《看闻日记三》卷 13,《看闻日记六》卷 30，明治书院，2012。

表 3 - 5　行幸场合中的赠答模式

时间	事　项
应永二十三年（1416 年）七月十七日	仙洞渡御勧修寺亭。内々御幸仪。公卿五人。殿上人五人。北面五人。公卿参会。各狩衣。殿上人同前。骑马。御车八葉。召仕御牛饲绘直垂数辈供奉。御车寄三条大纳言。直衣。於勧修寺御车寄室町殿御沙汰云々。渡御夜种々御重宝唐物金香合沈被入之拝领。眉目眉目。門跡光華此事也。
永享二年（1430 年）四月二十八日	御引物砂金三裏。盆。被居之。香爐高方盆居之。段子五端盆居之。高食籠一。绫御服廿重。练贯卅重。平鞘御剑二腰。白御剑一腰。御马一匹。女中三人各三重。引合十帖。召次幸真佐。御所侍。各三重

时 间	事 项
	太刀一腰也。供奉公卿殿上人各馬一疋。太刀一腰賜之。摂政御馬一疋。御劍一腰。予練貫五重。盆。香合。引合十帖也。摂政二千疋。予三千疋令随身申了。此折紙進室町殿也

资料来源：满济：《满济准后日记》上、下，续群书类从完成会，昭和 33 年。

等，《满济准后日记》中永享二年（1430 年）四月二十八日条记述了后小松上皇下赐重宝的场面，四月二十九日，满济参见后小松上皇，后小松上皇向其呈现室町殿所赠予的礼物，"驚目也"。可见，在行幸上，不仅有庄严威武的队列，还伴随着重宝的赠予，多数情况是后小松上皇或后花园天皇下赐公家礼物，与室町殿之间也进行重宝的赠答。青木保在仪礼的象征性中，以英国女王的戴冠仪式为例进行说明，这一戴冠仪式象征性地呈现神－女王－国民三者的相互作用，此类仪式不仅仅是以寺院内参加仪式的人而且是以英国全体国民的参加为前提而举行的。[1] 同样在公武寺出席的仪式上，其观众是所有公家、武家、寺家以及臣民。

第五节　小结

在贞成亲王与近臣之间的顺事茶会上可以看到，茶会的装点颇为考究，从场所的装饰到仪式的程序都有严格的规定。茶会上觥筹交错，歌舞升平，呈和谐、其乐融融之态，公家集团之间的赠予较少，仅是作为头役的人赠送装饰之物。贞成亲王对装饰之物进行了详尽的描述，这些礼物极为稀有，因此在体现文化品位的仪式上，贵族所赠送的礼物也是格调极为高雅的。

---

① 　青木保：《儀礼の象徴性》，岩波書店，1998 年，第 73 頁。

在举行宴会时，他们淡化物质赠予，而仅在精神上达到某种默契。贞成亲王与近臣之间的赠答模式是头役赠送瑰宝，但这不是对主人的赠送，而是供客人玩赏，体现了一种阶层趣味，人们享受的是仪式的趣味性，通过仪式增进彼此的感情，加强连带感。同样寺家举行的仪式也与公家集团类似，在宴会上不需要礼物的赠予，仅是自娱自乐，沟通感情。

而在室町殿出席的顺事茶会、后花园天皇欣赏舞蹈等仪式上除了公家武家纷纷进献礼物之外，室町殿也赠送重宝，这些礼物"尽善尽美"，后花园天皇回赠的礼物也多为重宝。例如，永享四年（1432 年）四月二十九日，在室町殿的连歌会上，室町殿赐摄政、左府重宝，在永享五年（1433 年）七月二十九日的室町殿御笙始的仪式上，后花园天皇、后小松上皇赠送剑，贞成亲王赠送太刀。永享十年（1438 年）四月二十五日，在后花园天皇欣赏舞蹈的仪式上，室町殿与后花园天皇互赠礼物，礼物从日常生活用品的衣物到象征权威的剑、马等，无所不有，数量也并不固定。笔者无法发现这些礼物的意义，仅可以看出这些礼物的数量之多、质量上乘。在仪式性的场合上，无论是八朔还是人生礼仪中的贺礼，人们赠送的礼物既符合自己的身份也符合对方的身份。循规蹈矩、安守故常是这些场合中需要遵循的赠答原则，而在宴会上室町殿、后花园天皇下赐的礼物每每令在座的公卿叹为观止，可见，在宴会上人们的赠答模式具有一定的炫耀性。这种赠答颇有些类似北美洲印地安人的"夸富宴"。

莫斯指出，在夸富宴上，人们倾其所有，毫无保留。最富有的人也是最挥霍浪费的人，成箱的蜡烛鱼和鲸鱼油、房屋以及成千的毛毯都被付之一炬；最珍贵的铜器被砸烂投入大海，如此这般来"压倒"对手。唯有如此，自己和家庭的社会地位方可上升。对峙和竞争是最基本的原则。个人在部落和秘密社会中的政治地位均靠"财富之战"来确定，这就像靠战争、结盟、联姻、继承遗产、运气获得一样自然，一切都被看成"一场财富之战"。有时，为了显示自己其实并不期待回报，已经不能仅仅是给和还，而是毁弃。在这样的经济和法律制度下，大量的财富不断被消耗、转移、易主。我们也许可以将这些财富的转移称为交换，甚至贸易或买卖；但这又是贵族化的行为，以礼仪和慷慨为准则；若有人以急功近利的心态来举行夸富宴，那只会招致鄙视和嘲笑。①

莫斯指出，即使是纯粹的销毁财物也并非如人想象的那样完全无利可图，这些慷慨姿态并非完全无私。夸富宴中所见的极度豪华奢侈的消费和纯粹毁物通常是夸张性的，这一现象使夸富宴制度从外表上看仅是轻率幼稚的挥霍。因为夸富宴之故，等级便在首领和其臣属之间、臣属和其附庸之间确定下来。给予，显示自己的高人一等、地位优越和拥有财富，是主子，不回报或回报得不多表示臣服、屈从、谦卑，成为侍从。②

北美洲印地安人在仪式上的炫耀行为，是通过给予显示自己的高人一等、地位优越和拥有财富。而室町殿与后花园天皇的赠答又是出于何种目的呢？在室町殿出席的仪式上，贞成亲王将后花园天皇与室町殿赠送的礼物一一列出，室町殿甚至赠送了二十八种礼物，这是在其他仪式上所看不到的，后花园天皇赠送的礼物数量尽管少于室町殿，但是也多为重宝。那么这种炫耀的目的何在？是否可以将室町殿与后花园天皇的赠答看作财富之战、地位之争呢？在前述中笔者提到，中世公家的生活极为窘迫，公家的生活经常要通过室町殿的支援才得以维系，显然二者的赠答不是财富之战。特别是后花园天皇赠送室町殿的礼物有时还是以往室町殿的赠礼。永享七年（1435 年）四月

---

① 〔法〕马塞尔·莫斯：《论馈赠——传统社会的交换形式及其功能》，卢汇译，中央民族大学出版社 2002 年版，第 62～63 页。
② 〔法〕马塞尔·莫斯：《论馈赠——传统社会的交换形式及其功能》，卢汇译，中央民族大学出版社 2002 年版，第 143～144 页。

十七日条，"抑舞御覧早旦室町殿参内、直衣、上様·南御方同車、女中出車三両、东御方·春日等乗出車、近習侍·中間卅人許·御牛飼等形粧奇丽云々、南御方中間不相交、態不召具云々、関白自阵下被参、殿大納言被相伴云々、関白随身一向被略、青海波無垣代云々、舞楽之儀午刻初酉刻畢、舞十番了、追加五番之初主上黒户渡御、関白·室町殿御共、上様御対面、南御方以下候、一献之間南御方媒妁申、南御方御酌主上被聞食、其酌主上被召上様被進之時、室町殿被畏申当座被召寄金作、御剣被進云々、関白以下沈酔缘酔卧云々、追加舞四番時分室町殿退出、上様·南御方以下退出、三条中納言事損早出、凡一会無为快然言語道断云々、珍重也"。

室町殿前往后花园天皇处欣赏舞乐，舞乐结束后，在宴会席间后花园天皇向上样斟酒，对于后花园天皇的盛情，室町殿立即调拨金剑，进献给后花园天皇。

永享九年（1437 年）十月十八日，"抑禁裏御剣金作、両三年申預、他所預置、御用之由雖難承質物拔群之間不事行之处、为上被召出五千疋被下、则召出返進、御恩之至畏悦無極、行幸御礼室町殿可被進云々、先年舞御覧之時、自彼被進御剣也"。

永享九年（1437 年）十月十八日，后花园天皇的父亲贞成亲王为了糊口而从后花园处借来此剑抵押到典当行，但是后花园天皇近期即将行幸室町亭，准备将此礼物赠送给足利义教，于是催促父亲尽快将宝剑返回。而贞成亲王手头拮据无法将宝剑赎回，在贞成亲王为难之际，后花园天皇借给贞成亲王五百匹，贞成亲王这才将宝剑赎回，返还给后花园天皇。而这一宝剑即是永享七年（1435 年）室町殿进献给后花园天皇的礼物。

由此可见，在宴会上，双方的赠答并非财富之战、权力之争。而是室町殿通过赠予显示自己的权力、地位，赢得声誉，正如室町殿为了获得权威而频频要求公家赠予剑一样，在宴会上，室町殿一掷千金，赠予重宝是为了彰显经济上的实力与地位，而后花园天皇的回赠则仅仅是遵循了有赠必答模式，基于礼尚往来这一原则。

对于室町殿一掷千金的行为，戈夫曼的理论更有说服力。戈夫曼指出，有时个体会以一种完全筹划好的方式行动，以一种既定的方式表达自己，仅仅是为了给他人造成某种印象，他也许会从他们那里唤起他打算获得的特定回应。有时，个体会在行动中筹划着，但是没有相应地意识到这一点。有时，他会故意地和有意识地以某种方式表达自己，但这主要是因为他的群体或社会地位的传统习惯要求这种表达，而不会因为这种表达可能会唤起那些得到印象的人的特定回应（不是含糊的接受或赞同）。有时，个体的角色传统惯例会使他造成某种设计完好的印象，然而，他也许既非有意也非无意想要造成这种印象。①

显然，室町殿的行为属于前者，即以一种完全筹划好的方式行动，以一种既定的方式表达自己，其真正的目的是通过展示自己的财富获得声望、荣誉。在室町殿出席的仪式上，尽管没有血雨腥风，没有杀气重重，但是这是一个争夺荣誉、声望的绝好场合，在这里人们不必循规蹈矩，恪守其分，而是可以尽情地表演以展现自己。可以将这里的茶会等非仪式性场合看作舞台，室町殿与后小松上皇、后花园天皇即为演员，公家贵族、武士即为观众，他们表演的节目即赠答，道具即礼物。为了使观众折服，这一礼物必须具有欣赏性、稀缺性、贵重性等特点，才可达到令观众叹为观止的目的。当仪式结束后，竖日人们要前往室町殿处进行庆贺，这也恰恰表明了室町殿的权力表演的成功，现代人为了庆祝表演者的成功会赠送鲜花而中世的人则赠予宝剑。

与室町殿的表演相对，作为观众的公家、武家、寺家也是积极配

---

① 〔美〕欧文·戈夫曼：《日常生活中的自我呈现》，黄爱华、冯钢译，浙江人民出版社1989年版，第6页。

合的。在室町殿出席的宴会上，看不到夸富宴上的对峙、竞争，自始至终是觥筹交错，鼓乐齐鸣，终日笙箫，如永享七年（1435 年）八月二十三日，在宫御方与室町殿出现的宴会上，"共御之後又有一献、申終有喚三条参、猿楽如昨日御座敷也、宮御方・女中相合被隔之間、座敷狭小也、可得其意之由示奉、則参、直綴犹斟酌、付衣略袈裟、大帷着一重、衣可然歟之由、三条指南、如其着用参、関白・左大将・按察大納言・飛鳥井中納言・日野中納言・三条中納言・源宰相等参、隆富朝臣・重賢・行資被召、渡御縁候、猿楽初、其間一献数十献、役送殿上人如昨日、武家人々同前、猿楽其興千万、入夜十番、猿楽了観世以下被召、更歌舞及酒盛、按察・飛鳥井・日野・三条等出庭上舞、武家近習人々皆被舞、其興無極、予扇以三条賜観世、其後主人直垂之上脱給観世懸肩舞、次関白小直衣被脱、左大将被投扇、按察・飛鳥井・日野・三条・役送殿上人悉狩衣脱、重賢・行資可脱之由予仰令脱、（略）武家人々単物悉脱、如山二所積置、主人酔気快然之余、（略）其後余起座、予・関白以下退出、面々沈酔、関白当座会数度如例、予聊吐之、宮御方・上様・南御方・入江殿・御所・真乗寺・岡殿皆御見物、至酒盛有見物云々"。

在宫御方与室町殿会面的仪式上，众公卿悉数登场，宾客云集，最初是猿乐表演，其间有数十献，之后武家前来欣赏猿乐，歌舞升平，酒色飘香，几位公卿于庭院跳舞，皆按照武家的习惯，之后主人将衣服脱下赐予猿乐舞者观世，然后关白脱小直衣，众公卿皆脱衣，如山而积。宴会结束之际，众公卿已是酩酊大醉，贞成亲王甚至呕吐。在现代社会，在宴会上呕吐是一种失态，但是在古代日本，这是尽兴的标志。在足利义教时代，宴会上经常会有公家呕吐，其中二条持基最为有名。[①] 公家、武家均出席的宴会上也呈现贞成亲王

---

① 桜井英治：《室町人の精神》，講談社，2009 年，第 235 頁。

与近臣举行宴会时的融洽，但这并非真正的融为一体，而是如戈夫曼所指出的，观众有目的地表现出圆通的行为，或者是出于对表演者的直接认同，或者是因为一种避免争吵的心态，或者是一种出于利用的目的而讨好表演者的心态。最后一种解释也许最容易使人接受。①

表演者室町殿通过一掷千金获得荣誉和声望，与此同时，观众公家、武家也积极进行配合，表现出的一种圆通的行为。在宴会上，尽管暂时没有了公武之间的紧张对峙，但是这并非真正的和谐，而是在进行一场政治游戏。室町殿表现为好客，公家表现为不醉不归，双方都在策略性地进行表演，积极地扮演好自己的角色以使这场演出圆满谢幕。

山崎正和指出，社交是政治的策略，人们通过巧妙地操纵人心获得巨大的力量。尽管勇气、战术、经济实力很重要，但是接人待物与社交能力同样不可忽视，其同样可以左右事情的发展。这个时代，社交如何受到人们的重视从义政的家教、政所执事的伊势真亲的家训中即可窥见一斑。他指出背后遭人指指点点是家门衰落的开始，为人处世中最重要的一点是不能受任何人诟病。② 社交文化自北山时期就已经相当繁荣昌盛了。作为余兴节目，连歌、茶道等已集大成，而能乐和狂言之类的新兴剧目也已诞生。为了便于设宴款待，设有榻榻米和壁龛的房间应运而生，以四条流为代表的烹饪法也已成熟，小笠原流的礼法体系也已编制完成。在战乱间隙，人们兴致勃勃地参加祇园庙会，武士和朝臣们则对能乐赞赏有加。将军与实力派武士等一方面在争夺实权，另一方面又是社交活动的参与者，也是流行文化的创造者，这俨然成为一种传统。③ "茶、连歌这些在

---

① 〔美〕欧文·戈夫曼：《日常生活中的自我呈现》，黄爱华、冯钢译，浙江人民出版社1989年版，第224页。
② 山崎正和：《室町記》，朝日新聞社，1990年，第75頁。
③ 山崎正和：《室町記》，朝日新聞社，1990年，第182頁。

社交场合征服他人的'常识'最后贯通于政治，这是室町时代的特色。在众多原理的基础上，人们相信除'常识'之外别无他物，这一点长久以来支配日本人的精神风土。"①

因此，公家、武家、寺家在不同的场合识时务地斟酌赠送的礼物、赠送的时间、赠送的对象，只有审时度势、明察秋毫，才能把握人心，在乱世如鱼得水地生存。樱井英治指出，"阴险、执念之深是皇室的特质……但是这多少也是中世之人的共通气质。中世之人绝不会忘记仇恨，但是同时对于礼节之事也不会怠慢。与仇人无所顾忌地谈笑风生是这一时期的礼节。我们在阅读中世史料时，会经常看到明确处于敌对状态的双方悠然地进行赠答，但是这绝不意味着他们已经和解，他们装作若无其事，虎视眈眈地寻找复仇的机会。有时，他们会将这种感情隐藏数年。中世时代或许给人一种恐怖之感，但是比起戾气十足、轻易动怒的现代社会，毫无疑问，这是一个思考缜密的时代"。②

中世是一个道无常道，法无常法的时代，无一强大的执政者，无一强有力的制度，人们只能在社交中联络感情，敌我在赠答中揣摩对方，也许因为战乱、倒戈、下克上，我们可以称其为乱世，但是在各种势力此消彼长的状态下，这一时代维持了二百余年，这又是一个"太平之世"。中世"是一个政治上幸福的时代"，也是一个值得后世深入研究思索的时代。尽管二战已经结束七十年了，但是世界各地局部纷争不断，人们仍然笼罩在战争的威胁之中，在各种治国理念、国际关系理论被构建、创造的当代，为何和平依然遥不可及？我们是否也应该学习古人的睿智，放下武器，通过赠答维系政治，通过社交获得和平呢？

---

① 山崎正和：《室町記》，朝日新聞社，1990 年，第 168 页。
② 桜井英治：《室町人の精神》，講談社，2009 年，第 24 页。

第四章

日常交往中的赠答模式
——以食物的赠答为例

近代社会，在岁末、中元等传统节日以及七五三、成人式、结婚生子等人生重要节点，日本人习惯相互赠送食物。问卷调查显示，啤酒、火腿、海苔、食用油等定型化的礼物较受欢迎，由于这种定型化的食物赠答行为在其他国家较少存在，所以这也成为日本区别于国外赠答文化的一个显著特征。在《看闻日记》《满济准后日记》中同样可以看到很多关于食物的赠答，如蜜柑、鲤鱼、鲈鱼、初雁、瓜等，中世食物的赠答与近代是否存在连续性，笔者通过与近代食物的赠答进行比较，明确中世日常交往中食物的赠答模式。

第一节　贞成亲王与近臣及后花园
天皇之间的赠答

笔者首先对中世的食物进行简单的说明。初物是指当年最初收获的食物，一般情况下在某一物的前面加上"初"字表示初物，有时尽管史料中没有明确写明"初"，但实际上也多指初物。并且赠送给上位者的礼物多为初物，这是因为初物是新鲜的物品，是赠送给神佛以及天皇的礼物。另外，赠答中也多赠送当地的特产，江瓜是近江的瓜，室町时代作为赠品比较流行。① 美物是指美味的食物，主要指鸟鱼类。鸟主要指鸪、白鸟、雁、雉等，因为其稀缺性而成为贵重物品，其中鸪是最为贵重的，白鸟次之。美物中的鱼类主要指鲷鱼、鲤鱼、鳕鱼。② 古代、中世点心主要指水果，其中最具有代表性的是蜜柑。当时蜜柑在全国各地广为种植，但蜜柑并非年年丰收，因此是比较稀缺的、高级的礼品。

在日常交往中，贞成亲王与近臣及后花园天皇之间进行食物的赠答。首先，赠与答的次数并不完全对等，多数情况下是有赠无答；其次，贞成亲王与近臣之间赠答的物品主要是紫蕨、香瓜，而与后花园天皇之间则种类繁多，鲤鱼、瓜、梨、蜜柑等应有尽有（见表4－1）。

表4－1 贞成亲王与近臣及后花园天皇之间的赠答

时间	事项	赠予者	受赠者	物品
永享三年（1431年）十二月二十六日	自内裏破子一·折一合·鷹一被下	后花园天皇	贞成亲王	鸪
永享四年（1432年）五月二十九日	禁裏鲤鱼一進之	贞成亲王	禁里	鲤鱼
七月二十二日	自内裏苽二十籠被下	内里	贞成亲王	瓜
永享五年（1433年）三月二十四日	入風呂如例、三条宰相中将紫蕨二荷遣之、西雲庵一合遣	贞成亲王	三条宰相中将、西云庵	紫蕨
闰七月十九日	晩帰、郷秋退出、園鱸魚三遣之	贞成亲王	园（基秀）	鲈鱼
八月十八日	自室町殿榧等種々被送遣云々、御乳人鷹·榧等分給	贞成亲王	御乳人	雁

---

① 盛本昌弘：《贈答と宴の中世》，吉川弘文馆，2008年，第131页。
② 盛本昌弘：《贈答と宴の中世》，吉川弘文馆，2008年，第92页。

时间	事项	赠予者	受赠者	物品
永享六年（1434年）六月二十五日	入夜百韵了、椎野五色進之	椎野	贞成亲王	五色①

注：①五色即瓜。

资料来源：宫内厅书陵部编《看闻日记三》卷14，《看闻日记四》卷16，《看闻日记四》卷17、卷18、卷19，明治书院，2012。

后花园天皇是贞成亲王的长子，但是后小松上皇因为后继无人，将其作为自己的养子而使其继承皇位，在法律层面上，后花园天皇与贞成亲王不再是父子关系，尽管如此，在实际生活中二者的感情还是极为笃厚的。后花园天皇经常将室町殿进献的食物分给贞成亲王，每次贞成亲王都极为感动。在永享九年（1437年）五月九日条中，贞成亲王感慨道，"禁裹细细被進云々、被分下之条君恩之至也"。可以看出，后花园天皇对于贞成亲王的赠予多为"裾分け"（相互分享），这对于生活拮据的贞成亲王来说如同雪中送炭，因此其感激之情溢于言表。同样，永享五年（1433年）八月十八日条，"自室町殿榶等種々被送遣云々、御乳人二鷹・榶等分給"，贞成亲王将室町殿的礼物送给御乳人，与近臣之间也进行"裾分け"。永享八年（1436年）十月二十三日，"入江殿たひ白布一足給、自公方被進分給云々、為悦也"，入江殿将室町殿赠送的白布分给贞成亲王，尽管这并非食物的赠答，但也可以看作近臣与贞成亲王之间的"裾分け"，这种"裾分け"起到了加深感情、增强亲密度的作用。

第二节　贞成亲王与寺家之间的赠答

贞成亲王与寺家之间的赠答多是下位者赠送，赠送的物品是江

瓜、松茸、五色等日常生活中较为普遍的食物，而贞成亲王回赠的
情况较少（见表 4-2）。

表 4-2　贞成亲王与寺家之间的赠答

时间	事项	赠予者	受赠者	物品
应永二十五年（1418 年）九月二十二日	藏光庵松茸献之	藏光庵	贞成亲王	松茸
应永三十年（1423 年）八月二十八日	入風呂如例、藏光庵松茸献之	藏光庵	贞成亲王	松茸
永享七年（1435 年）七月十七日	椎野真乘寺へ江苽進之	椎野	真乘寺	江瓜
永享八年（1436 年）五月二十四日	大原野神主覆盆子十籠初而進之	大原野神主	贞成亲王	覆盆子
六月十一日	南都惣林院五色十合献之、日野中纳言執進之、初而進之	南都物林院	贞成亲王	五色十合
永享九年（1437 年）五月十二日	大光明寺紫笋進之	大光明寺	贞成亲王	紫笋
六月二十七日	観音寺五色献之	观音寺	贞成亲王	五色
七月十三日	三宝院江苽卅籠進之、去年被進、佳礼也	三宝院	贞成亲王	江瓜
永享十年（1438 年）九月二十六日	今御所・西雲北野参籠之間、榁二荷・折三合進之、入江殿御留守事榁等進之、大光明寺松茸一合献之、観音寺松茸進之、昌者法印松茸一合遣之	大光明寺 观音寺	贞成亲王 贞成亲王	松茸 松茸

资料来源：宫内厅书陵部编《看闻日记一》卷 4，《看闻日记二》卷 9，《看闻日记五》卷 22、卷 26，《看闻日记六》卷 29、卷 30、卷 33，明治书院，2012。

　　由于寺社僧人多为公家贵族出身，因此寺家与贞成亲王的赠答

同贞成亲王与近臣之间的赠答类似，赠答的物品、赠答的次数与近臣接近，但是不存在"裾分け"的情况，缺少近臣之间的亲密感情。

第三节　贞成亲王与后小松上皇之间的赠答

贞成亲王与后小松上皇之间的赠答较多，多数情况是贞成亲王赠送，后小松上皇回礼的次数较少，贞成亲王赠送 10 次，而后小松上皇仅回赠 1 次（见表 4 - 3）。

表 4 - 3　贞成亲王与后小松上皇之间的赠答

时间	事项	赠予者	受赠者	物品
应永二十五年（1418 年）十一月一日	仙洞蜜柑二合進之	贞成亲王	仙洞	蜜柑
应永二十六年（1419 年）十二月六日	仙洞蜜柑二合進之	贞成亲王	仙洞	蜜柑
应永二十七年（1420 年）十一月十日	仙洞蜜柑二合進之、付永基朝臣如例、仙洞御返事入夜到来、敕報也	贞成亲王	仙洞	蜜柑
应永二十九年（1422 年）六月二日	仙洞鯉魚・鱸魚各一進之、付永基朝臣如例	贞成亲王	仙洞	鲤鱼、鲈鱼
应永三十年（1423 年）十一月四日	蜜柑二合仙洞献之、室町殿同二合進之、广橋申次之間一合遣之	贞成亲王	仙洞	蜜柑
应永三十一年（1424 年）七月十九日	庭前梨一葛・河魚、二仙洞進之、良久不申入之間御礼進之	贞成亲王	仙洞	梨、鲈鱼

续表

时间	事项	赠予者	受赠者	物品
十一月十三日	抑仙洞へ蜜柑二合献之如例、有救报	贞成亲王	仙洞	蜜柑

资料来源：宫内厅书陵部编《看闻日记一》卷4、卷5，《看闻日记二》卷6，《看闻日记三》卷10，明治书院，2012。

对于其中的原委，笔者在第二章中已经提及，贞成亲王与后小松上皇围绕皇位的继承二者的关系较为微妙，后小松上皇对于贞成亲王来说是需要谨慎对待的他者，因此贞成亲王赠予其蜜柑、紫蕨等当时较为贵重的食物。

第四节　贞成亲王与室町殿之间的赠答

首先，贞成亲王与室町殿之间的赠答次数远远多于公家集团之间以及公寺之间的赠答次数，关系越疏远相互之间的赠答次数越多。其次，贞成亲王与室町殿之间赠答的数量几乎持平。最后，赠答的食物从瓜等较为普遍的食物到蜜柑、雁等较为稀缺的食物无所不包（见表4－4）。

表4－4　贞成亲王与室町殿之间的赠答

时间	事项	赠予者	受赠者	物品
应永二十八年（1421年）十一月十六日	室町殿蜜柑二合进之、裏松中納言遣愚状可令披露之由申、彼卿一合遣之	贞成亲王	室町殿	蜜柑
应永三十年（1423年）十一月六日	蜜柑室町殿进之	贞成亲王	室町殿	蜜柑

续表

时间	事项	赠予者	受赠者	物品
应永三十一年（1424年）十一月十八日	室町殿蜜柑二合進之、前宰相持参	贞成亲王	室町殿	蜜柑
永享二年（1430年）九月八日	自室町殿初鴈一送賜、勧修寺執進	室町殿	贞成亲王	初雁
十一月十四日	抑自室町殿生鮭十尺賜之、勧修寺執進	室町殿	贞成亲王	生鲑
闰十一月九日	自室町殿鵠一送賜、勧修寺執進如例	室町殿	贞成亲王	鹄
十二月二十六日	抑室町殿上臈局南御方有状、一献種々賜之、鵠・鴈一・雉十・榁十・不思寄芳志祝着無極	室町殿上臈局	南御方	鹄、雁一、雉十、榁十
永享三年（1431年）三月五日	上臈局紫蕨三荷・鯉一喉南御方進之、返事被悦喜	南御方	上臈局	紫蕨三荷、鲤一喉

资料来源：宫内厅书陵部编《看闻日记一》卷4，《看闻日记二》卷7、卷9，《看闻日记三》卷10、卷12、卷14，明治书院，2012。

第一，笔者以《看闻日记》中应永二十六年（1419年）十一月二十六日为例进行说明，贞成亲王的父亲荣仁亲王每年都要向北山殿（足利义满）赠送蜜柑，因此贞成亲王根据先例，赠送室町殿蜜柑二合。第二天，足利义持通过申次光桥氏表明自己对这一礼物极为满意。应永二十七年（1420年）十一月九日条，"柑子二合室町殿進之、三位為御使参、蜜柑室町殿好物云々、病種願物之間諸人進之、当年蜜柑難得也、諸人奔走云々、藏光庵有蜜柑令所望百献之、但不足之間柑子相副進了"。义持在生病期间希望吃到蜜柑，人们奔走进献。贞成亲王从藏光庵处调集一百个蜜柑进献给足利义持。关于人们积极进献蜜柑这一点，盛本昌弘认为，首先当时人们认为蜜柑是生病时的一种良药。当然，并不能简单地认为这是对权力的迎合，中世人们会为了实现某种共同目的而进行捐赠，在此可以认为人们为了使室町殿恢复健康而积极进献，这也属于一种捐赠。因为进行这种赠予的话，一旦自己生病的时候也可以从其他人那里得到援助，天皇以及将军经常给生病的人赠送药品及食物，这属于互酬式的赠答①。

但笔者并不完全赞同盛本昌弘的观点，首先，通过表4-1、表4-2、表4-3、表4-4可以发现，越是关系疏远，相互之间的赠答次数越多，而贞成亲王与近臣及寺家关于食物的赠答则相对较少，这正说明了食物赠答的真正目的即关系确认。

第二，《看闻日记》中经常出现贞成亲王对于室町殿的赠答一喜一悲的表述。

如永享八年（1436年）九月二十二日条，"自室町殿鴈一・鱸一給、渡御之後如此之物不給、不審恐怖之間立願之处、则御利生之条、渴仰無極、面々下向被悦喜"。

自参拜室町殿以后，贞成亲王就没有从室町殿处得到礼物，深感恐怖之际，室町殿突然赠送雁及鲈鱼，贞成亲王对于这一意外的礼物喜悦至极。

紧接着，永享八年（1436年）十一月一日条，"自公方鲤一喉給、渡御以後如此物细々不給、不快恐怖之处、御音信目出為悦、殊更朔日祝着之間则賞翫、为久御前令包丁"。

近期因无来自室町殿的礼物，贞成亲王感到"不快恐怖之处"，室町殿赠送鲤鱼一条，暂且放心。

永享九年（1437年）五月九日条，"室町殿正月以後不給、御意之趣有子細云々、無力次第也"。

正月以后室町殿没有赠送食物，不禁感叹自己的"无力"。

---

①　盛本昌弘：《赠答と宴の中世》，吉川弘文館，2008年，第200頁。

　　永享九年（1437 年）十月九日条，"室町殿白鳥一・鱈二給、三条執進、目出祝着之由御返事申、旧冬以来細々無御音信之処、御芳志為悦"。

　　入冬以来室町殿一直杳无音讯，十月九日室町殿赠送白鸟、鳕鱼，"御芳志為悦"，雀跃之情跃然纸上。

　　通过上述四条表述可以发现，贞成亲王对于室町殿的赠答极为敏感，若室町殿赠送礼物则欢欣雀跃，兴高采烈，若近期没有赠送食物，则惴惴不安，担惊受怕。

　　由此可见贞成亲王与室町殿的食物赠答远非援助这样简单，更多的是确认自己与室町殿的关系，若从室町殿处得到礼物则表明二者的关系依然可以维系，若没有从室町殿处得到礼物，则表明二者的关系较为紧张。笔者多次提及，中世特别是室町时代，公武寺关系微妙，特别是足利义教时代，"万人恐怖"成为这一时代的特征，如永享九年（1437 年）二月九日条，"抑東御方三条御共被参、御雑談之時、一言悪被申、御腹立忽御追出、仍伏見禅照庵被逃下、言語道断驚嘆無極、三条観世事被執申不許、七八献了早々還御、毎事無興云々、履薄氷之儀恐怖千万"，足利义教仅因一句话不满而将三条赶出，贞成亲王感叹世间无常，如履薄冰。由此可知在恐怖氛围笼罩的时代背景下食物的赠答发挥关系确认的作用。

　　第三，可以看到贞成亲王与室町殿相互赠答的数量持平，并非越是关系疏远越遵循有赠必答原则，而是室町殿的回礼对于贞成亲王而言证明二者的关系可以正常维系，是室町殿发出的一种信号，而后小松上皇回赠的次数较少，是因为二者的关系尽管很微妙，但是并未达到紧张程度，因此在《看闻日记》中并未看到贞成亲王对于后小松上皇的不回礼而忐忑不安的表述。

第五节　《满济准后日记》中食物的赠答

《满济准后日记》中食物的赠答次数远远少于《看闻日记》中的赠答次数，主要是室町殿的赠予，而且赠送的礼物以松茸为主（见表4-5）。

表4-5　《满济准后日记》中食物的赠答

时间	事项	赠予者	受赠者	物品
正长元年（1428年）八月一日	自御前松茸折一合。桓十拜领	室町殿	满济	松茸
正长二年（1429年）二月五日	今日大納言局着带也。带加持又聖護院准后沙汰之。自御所干松茸拜領	室町殿	满济	松茸
永享元年（1429年）十月二十二日	自御前蜜柑折一合。丝引百拜領。又折一合。柿二籠拜領。自御室折三合賜之	室町殿	满济	柿
永享三年（1431年）九月十二日	自仙洞松茸小長櫃一合。御折二合被送下了	仙洞	满济	松茸
九月十五日	一乘院来临。少一献在之。槙五荷。松茸一折以前被送之了	一乘院	满济	松茸

资料来源：满济：《满济准后日记》上、下，续群书类从完成会，昭和33年。

首先，在《满济准后日记》中可以看到很多关于满济寻找松茸的表述，应永三十三年（1426年）九月二日条，"今日为松茸一覽松尾山ヘ登。松茸少々求出之"；应永三十四年（1427年）九月十二日条，"今日松尾为松茸一见登山"；永享二年（1430年）九月十二日条，"時以後松尾ヘ登。為賞翫松茸也。四五本取之了"。永享四年（1432年）九月十二日条，"為松茸一見登松尾了"。永享四年（1432年）九月十五日条，"為松茸賞翫又登山。松茸四五本寻出了"。永享五年（1433年）九月一日条，"於松尾山松茸賞翫"。可见满济极为喜爱松茸，每逢九月必登山欣赏松茸，因此，室町殿、后小松上皇以及寺家针对其这一爱好而纷纷赠送松茸。其次，在《满济准后日记》中看不到满济因室町殿的未回赠所表现的一忧一喜，满济也并不回赠，可以认为，满济作为幕府的最高顾问，在公武之间发挥媒介、纽带的作用，室町殿、后小松上皇的赠予更接近慰问，所以，满济极少回赠。

第六节　小结

在日常交往中，围绕食物的赠答，贞成亲王与近臣及后花园天皇之间赠答的次数不多，多数情况是有赠无答，而且也存在相互分享的情况，由此可知拟血缘圈层之间的食物赠答更多起到的是加深感情、增加凝聚力的作用。

贞成亲王与寺家之间的赠答与近臣相似，这是因为寺家多为公家出身，与贞成亲王有一定的渊源，因此也会进行食物的赠答，多数情况下是有赠无答，但是这其中没有相互分享的情况，因为寺家的关系较近臣疏远，所以与贞成亲王之间的赠答中感情成分较少。

在与后小松上皇的赠答中，多数是贞成亲王赠予，后小松上皇不回赠，笔者推测由于食物的赠答在关系不亲密者之间起到关系确认的作用，尽管贞成亲王与后小松上皇的关系比较微妙，但并不如与室町殿紧张，因此，即使后小松上皇没有回赠，贞成亲王也没有对此耿耿于怀。另外，《看闻日记》中没有看到贞成亲王与地下众之间的食物赠答，这也许是因为在日常生活中，由于地下众的地位较低，无法与贞成亲王进行赠答，但这仅是笔者的推测，今后还需要通过更多的史料进行证实或证伪。

在贞成亲王与室町殿的赠答中可以发现，首先，其与室町殿的赠答次数非常多，是与近臣、寺家之间赠答次数的几倍。其次，贞成亲王与室町殿之间的赠答次数几乎持平，贞成亲王对于室町殿的食物赠予十分敏感，因此，贞成亲王与室町殿之间的赠答目的更多的是关系确认。关系的亲疏远近决定着赠答次数，越是关系疏远赠答次数越多。

另外，笔者考察了《满济准后日记》中食物的赠答，《满济准后日记》中主要是室町殿、后小松上皇向满济赠送其喜爱的食物松茸，尽管次数不多，但可以看作上位者对下位者的慰劳，因此满济并不回赠。

综上所述，在贞成亲王与近臣之间，食物起到了增进连带感的作用，特别是食物的相互分享是在其他圈层中所看不到的；在贞成亲王与寺家、后小松上皇的赠予中，多是下位者赠予，上位者较少回赠，食物起到了联系感情的作用。贞成亲王与室町殿之间的赠答则起到了关系确认的作用，而室町殿与满济之间的赠答则更倾向于犒劳，因此，食物在不同的圈层所起到的作用并不一致，人们利用食物这一工具巧妙地维系彼此间的关系。

第五章

日常交往中的赠答模式

—— 以梅花的赠答为例

古代中国在重大的节日以及举行喜庆典礼时，皇帝都会给大臣赐花、簪花，到了宋代，这已成为一种仪式，即赐花、簪花礼仪，在这一仪式上，尊卑有序，多寡有数，皇帝以此表达对臣子的喜爱以及对杰出之才的褒奖。[①] 同样在日本室町时代，花也具有一定的社会功能，但并非古代中国的赐花、簪花，而是赠花。在《看闻日记》中，贞成亲王及其近臣在日常生活中频繁地赠送鲜花，每逢鲜花开放时节，则呼朋引伴，赏花看花。室町时代花已融入公家集团的生活中，成为人与人交往时的润滑剂。现代社会中，花的接受者多为女性，而室町时代，花的赠送者和接受者则多为男性，为何男性与男性之间如此频繁地赠送鲜花？特别是永享八年（1436 年）二月二十六日条"例日无殊事、茂成朝臣梅枝持参"，近臣在无特别事情的情况下携带梅枝去拜访贞成亲王，若这种情况发生在现代社会，男性下属手捧鲜花去拜访男性上司，我们会有何感想？大部分情况下我们都会觉得匪夷所思，而这种情况为何在室町时代是如此司空见惯呢？笔者从这一朴素的疑问出发，本章主要围绕梅花的赠答展开论述。

---

① 王延东：《从朝廷戴花簪花礼仪探微宋代礼仪制度》，《兰台世界》2013 年第 33 期，第 51 ～ 52 页。

第一节　贞成亲王与近臣之间的赠答

在《看闻日记》中也存在关于竹、松、樱的赠答，但以梅花的赠答为主（见表 5-1）。

表 5-1　贞成亲王与近臣之间的赠答

时间	事　项
应永二十五年（1418年）十月十三日	即成院梅一本善基献之、庭植之、有其替庭梅一本遣之
应永二十六年（1419年）二月二十七日	椎野庭梅一枝進之、一首結付、いたつらに人もすさめぬやとの梅君そ色香をあはれともみん
十二月二十五日	勾当局若宫御服被進之、不思寄芳志為悦
应永二十八年（1421年）二月五日	菊第新大纳言庭前梅花一枝遣之
十一月四日	庭田梅一本、仙洞重有朝臣献之
十一月九日	田向庭梅一本・唐桃一本仙洞宰相献之、以三条大纳言内々伺申献之、今日仙洞石引云々
应永二十九年（1422年）二月十二日	抑长照院殿御事、前宰相為御使訪申、今日長照院殿可参之由申、岡殿同申之、善基梅一本献之、東庭栽之
应永三十二年（1425年）二月四日	庭前梅桜植直、山松両三本令掘、同植之
永享五年（1433年）二月二十日	永基朝臣退出、花袋一付梅枝賜之、為久太刀一被下
永享七年（1435年）二月二十六日	抑北向梅木掘渡殿上前植、池令掃除

资料来源：宫内厅书陵部编《看闻日记一》卷 4、卷 5，《看闻日记二》卷 7、卷 8，《看闻日记三》卷 11，《看闻日记四》卷 17，《看闻日记五》卷 21，明治书院，2012。

贞成亲王与近臣在日常生活中频繁地赠送梅花、樱花等，如

"親長八重桜一枝進之、芳志為悦";永享五年（1433年）二月二十二日条，"大淵和尚参来、対面、解毒丸持参、造花梅一枝付花袋遣之"。与其说梅花作为礼物被赠答，不如说更像是一种表达感情的工具。

第二节　贞成亲王与寺家之间的赠答

贞成亲王与寺家之间主要赠送梅树、梅枝花袋、梅造花等，寺家不仅赠送贞成亲王梅花，也赠送其次子宫御方（见表5-2）。

表5-2　贞成亲王与寺家之间的赠答

时间	事项
永享五年（1433年）二月七日	戒光寺長老参、造花梅一枝持参、晩救一参、茗一裏・檀紙十賜之
二月二十二日	大淵和尚参来、解毒丸持参、造花梅一枝付花袋遣之
三月十四日	椎野帰寺、大光明寺長老参、西芳寺事被申、先日参之时造花梅一枝遣之、其礼云々

资料来源：宫内厅书陵部编《看闻日记三》卷10、卷11，《看闻日记四》卷16、卷17，明治书院，2012。

公寺之间关于梅花的赠答也较多，这主要是由于寺家多为公家出身，所以，在这一点上寺家与贞成亲王之间的赠答与近臣之间的赠答接近。

第三节　贞成亲王与地下众之间的赠答

贞成亲王与地下众之间围绕梅花赠答的情况远远少于与近臣之间以及与寺家之间，仅有应永二十四年（1417年）二月八日与九月二十四日两例（见表5-3）。

表 5-3　贞成亲王与地下众之间的赠答

时间	事项
应永二十四年（1417年）二月八日	庭前梅被栽、軒端梅枯了、仍重有朝臣宿所之梅被召栽之、此外是明房・禅啓・良有等梅木進上被植之
九月二十四日	自菊第松取来、兼日約束了、庭松一本、禅啓庭松二本遣之、将又海石一遣之、園鑑和尚大通院被進置石也、殊勝名石也、左府以源宰相被所望申、雖無心予遣了、有楽、一越調曲十・朗詠一首、次舞立、万歳楽・长保楽等也

资料来源：宫内厅书陵部编《看闻日记一》卷 3，明治书院，2012。

笔者推测，贞成亲王与地下众之间的赠答次数较少的原因与食物的赠答类似，由于其家格低下，所以贞成亲王不与其进行赠答。

第四节　贞成亲王与室町殿之间的赠答

公武之间关于梅花的赠答较少，足利义持、足利义量时代，主要是公寺之间或公家集团之间进行梅花的赠答。在足利义教时代，出现了公武寺之间梅花的赠答（见表 5-4）。

表 5-4　贞成亲王与室町殿之间的赠答

时间	事项
永享四年（1432年）二月三日	自室町殿梅枝色々花袋十付之、若宮御方被進、御芳志尤為悦
永享五年（1433年）二月十九日	若宮・姫宮・南御方・东御方・春日・右衛門督・今参・御乳人・長資朝臣・永基朝臣・隆富朝臣・経秀・行資・珠蔵主・梵祐・承泉等候、御引物献御剣、入夜自室町殿若宮花袋十、付梅枝被進
十一月一日	虎参松結、明日室町殿可進之間、大光明寺松召寄、五本被進、一本是之庭松進、其替寺松一本庭植、海石三被進

续表

时间	事　项
十一月二日	室町殿小松五本・海石三被進、入夜御返事到来、殊御悦喜之由承、石殊勝之由有御沙汰云々、人々進石之中第一云々、又鵄一・鴈一・生鮭三尺賜之、為悦快然之至也、御返事則夜中進之
永享六年（1434年）二月二十四日	入風呂如例、自室町殿若宮へ花袋廿梅枝被進、西雲庵被執進
永享七年（1435年）二月五日	自室町殿若宮梅枝花袋色々廿給為悦、毎年給祝着之由御返事申、三条次如例
三月二日	自室町殿南御方へ紅梅桶二百・貝之折二合被進、紅梅潤沢驚目
永享十年（1438年）一月二十九日	公方梅枝進之、付三条進之

资料来源：宫内厅书陵部编《看闻日记四》卷15、卷18、卷19，《看闻日记五》卷20，《看闻日记六》卷30，明治书院，2012。

足利义教对于梅花似乎有一种特殊的感情，永享五年（1433年）十月二十日条，"庭者虎四五人参、大光明寺松笠令結、聞、黒田梅一本公方進、於途中枝折、室町殿以外腹立、庭者三人被籠舎、黒田若党五人奉行付、彼等僻事之間、可召捕之由黒田被仰、三人逐電、二人忽切腹云々、厳密沙汰恐怖之由庭者申、諸方辺土樹共被見、庭者虎菊罷向検知之、宜樹被召、或者進之、境内木未被見"。室町殿仅仅因为进献的梅枝折断就将三人关押，若党五人中三人被流放，两人切腹。庭者感叹恐怖至极。

永享四年（1432年）三月四日条，"室町殿今日花御覧、東山・花頂・若王子等御出、（略）重賢帰参、御路見物語之、先主人御車、番長狩衣、付花、前行如例、番頭牛飼、色々直垂、済々前行、御車後下臈随身、衛府侍、次殿上人六人、次公卿二人、次摂政、次左府、次門跡、次武家、近習諸大名数十騎、次上様、女房後車五

両、見物立車御室以下整行粧、見物万人鼓操、花在所、花頂・若
王子・常在光院等被御覧云々、委細事猶可尋、入夜還御云々"。

　　室町殿赏花时声势浩大，队列上尊卑有序，赏花之后则是饮酒
作乐，席间吟诵连歌等。贞成亲王经常与近臣赏花看花，饮酒作乐，
特别是每年的二、三月份，赏花行为更是频繁，这已成为公家集团
生活的一部分，如应永二十六年（1419 年）二月二十九日条，"入
風呂、其後庭前梅花賞翫、三位・重有・長資等朝臣・寿蔵主・禅
啓・広時、各一献申沙汰也"。通过比较可以发现足利义教的赏花行
为非同寻常，大张旗鼓，公家、武家、寺家均要随行。

　　在《满济准后日记》中也有一例关于室町殿赏花的表述，应永
三十五年（1428 年）二月十七日条，"今日将軍為花御覧入寺。綾
五重。盆。香合。進之。御引物練貫十重。盆。小壺盆。金襴一端
進之了。大名各二重太刀賜之。近習各一重太刀也。自公方御折紙
万疋拜領之。諸大名二千疋。近習千疋会所始云々。"室町殿到醍醐
寺赏花，满济向室町殿进献绫、盆等礼物。室町殿回赠礼物练贯十
重、盆、小壶盆、金襴，并赐大名太刀二重，近习一重。室町殿又
赐满济折纸万匹，大名各两千匹，近习千匹。尽管室町殿前往醍醐
寺赏花时的规模不及公家、寺家均出席的规模，但也并非简单的赏
花行为，而是伴随着重宝的进献与回赠。

第五节　梅花的赠答意义

　　公家集团之间、公寺之间关于梅花的赠答行为较多，而且并不
限于下位者的赠送，上位者也在日常生活中频繁地赠送梅花；另一
方面尽管公武之间关于梅花的赠答较少，但足利义教对于花的感情
极为特殊，甚至会因为花枝折断而令下人剖腹自杀。对于中世之人，
梅花究竟意味着什么？笔者以梅花作为切入点进行深入分析。

一 梅花的符号意义

《看闻日记》中贞成亲王与近臣频繁地赠送花，其中关于梅花的赠答最多，《万叶集》中关于梅花的记述也最多，是关于樱花的 1.2 倍。① 为何公家集团对梅花情有独钟呢？日本的梅花源自中国，在中国梅花被誉为花中"四君子"之首，也是"岁寒三友"之一，在中国梅花具有丰富的文化内涵，一是超越流俗的格调（清气），二是坚毅不屈的意志（骨气）。因为梅花集松之劲、竹之峭、兰之幽、菊之贞，而又自具其平淡闲雅之性，成为时代精神的最佳载体，道德意志的理想写照。②

梅花自弥生时代从中国传播到日本之后，即作为贵族之花为贵族所喜爱。同中国的文人墨客吟咏梅花一样，在平安时代梅花也是贵族官人吟诵的对象，《万叶集》中描写植物的和歌约 160 种，关于梅花的和歌 117 首，占第二位。而且这些咏梅的和歌多出自大伴旅人、大伴家持等贵族官人之手，几乎没有一首是平民百姓创作。到《古今和歌集》编撰时，民众对梅花已不再陌生，但和日本固有的樱花相比，梅花对于日本老百姓来说依然是"贵族之花"。奈良时期说的花一般指梅花。梅花对于当时的日本人来说是产自文明高度发达的中国并被中国人所喜爱、称颂的花，因此对于当时倾慕中国文化的日本文人来说，它代表着风雅，是文化和修养的象征。③ 同样，在赏花时节，贵族欣赏的花与平民所赏的花也不相同，8 世纪左右赏花有两种路径，一种是宫廷贵族举行的欣赏梅花的梅花宴，另一种是平民百姓举行的樱花宴。④ 如《看闻日记》中应永二十四年

① 有冈利幸：《梅》，法政大学出版局，1999 年，第 184 頁。
② 程杰：《梅文化论丛》，中华书局 2007 年版，第 16 页。
③ 蔺岳林：《〈古今和歌集〉中梅花的意象》，《文学界》（理论版）2012 年第 12 期，第 46~47 页。
④ 白幡洋三郎：《花と绿から生まれた日本の文化》，*PREC STUDY REPORT*，2009 年第 9 期。

（1417 年）二月三日条，"晴桃花宴、祝着如例"。室町时代的贵族依然对梅花有高度的认同感，将其作为身份的象征运用于生活之中。对于传自中国的梅花与日本固有的樱花，日本贵族将二者明显地区分开。这里的梅花并非简单意义的观赏之花、赠答之花，而是超越了美学意义，具有符号意义——身份的表达，贵族通过梅花的赠答、消费达到一种阶级认同、身份区隔的目的。关于这一点，笔者用布迪厄的趣味与身份区隔理论进行解释。

布迪厄认为，行动者主体为了获得利益，借助自己的资本在特定的社会场域或社会空间里相互斗争；而在场域或社会空间中位置相近的人，就构成了一个阶级。换言之，阶级指的是，在社会空间中，一群有着相似位置，被置于相似条件，并受到相似约束的行动者主体的组合。由于这些行动者具有相同的位置，便有了相同的生活处境，因而也会有着相似的秉性。这些相似性反过来又会导致他们具有共同的实践。不同阶级的成员具有不同的实践，他们具有不同的关系，不同的品位，包括艺术审美、饮食习惯、身体秉性、居住方式等；因此，这些实践中的行动者被阶级区分开来的同时，也在建构着阶级区分。①

布迪厄区别于以往的主要涉及性别、阶级、种族等领域以及基于政治的、经济的、地域的等尺度的关于身份认同研究，创造性地提出了"趣味"标准，将趣味作为界定行动者阶级、社会等级归属的标志。他跳出了趣味或者我们称之为"审美情趣"的纯美学研究范畴，以社会学家的眼光去观照和审视它，立足于真实的社会场景，发掘出了它无利害表层掩饰下的内在本质。② 布迪厄批判康德在哲学体系中建立的纯粹趣味和审美无功利的观念，审美趣味在他的美学

---

① 刘欣：《阶级关系与品味：布迪厄的阶级理论》，《社会学研究》2003 年第 6 期，第 44 ~ 45 页。

② 曹红霞：《趣味与身份认同》，新疆大学硕士学位论文，2011 年。

研究中成为纯粹的判断领域，趣味判断从现实中的伦理内容与智性概念认知中被剥离出来，与对象的主体和内容都没有关系。然而，布迪厄运用社会学方法研究发现了康德哲学思辨中的盲点。他提醒我们在"纯粹凝视"的背后，隐藏着物质基础和文化继承的制约。一件艺术品只对那些拥有文化能力的人才有意义。被束缚在日常需求迫切性之上的工人阶级和小资产阶级由于缺乏这些条件，在文化趣味上很难一开始就达到超越功能关注形式的境界。因此，纯粹的审美情趣并不像康德所言是普遍必然的，相反是有条件的，是与社会经济关系相关的。[①]

布迪厄的这一阶级与趣味理论能够较好地解释公家集团为何在日常生活中频繁地赠送梅花。首先，如前所述，梅花自中国传入日本，古代只有贵族才能接触到中国的先进文化，因此，由于其稀缺性以及是从先进国度——中国传入的，作为"贵族之花"受到贵族阶层的珍爱。贵族在和歌中多通过吟咏梅花表达自己所属阶级的趣味，在赏花时也多以梅花为主而区分于以赏樱花为主的平民百姓，以此达到身份的区隔。到了室町时代，贵族没落，在政治、军事、经济实力方面已完全不能与武家集团抗衡，虽然在物质层面上贵族作为下位者屈服于武家集团，但是在精神层面上，贵族还竭尽全力使自己处于上位，发挥权威性的作用，而梅花则是贵族达到这一目的的手段，正如布迪厄所指出的，社会主体学会了如何在社会结构中表现地位，又如何强调与自己的阶层地位密切相关的"各种价值观"。因此，审美并非无功利的，而是有一定的意图的，公家集团正是通过表现出与自己的阶层地位相符合的趣味而达到身份区隔的目的。

---

① 刘楠：《从趣味判断到趣味区隔——布迪厄对康德趣味美学的反思》，西北大学硕士学位论文，2010 年。

二　日本人的"格"意识

众所周知，平安时代末期，武家掌权以后，贵族的生活日益贫困，捉襟见肘。战国时期的天皇经常因为经济窘迫而在举行各种仪式时向诸大名募集资金，或者为了得到金钱而不得不给大名官职。皇室经常因为禁里料所（皇室领）的年贡收入而一喜一忧。例如，后土御门去世后，明应九年（1501 年）十月四日，举行了后土御门的入棺仪式，但是后土御门的遗骨被转移到泉涌寺后，一直没有举行葬礼，直到去世后的第四十三天，即十一月十一日才举行，这其中的缘由就是朝廷的财力问题，没能筹措到举行葬礼的费用。[①] 同样公家集团的经济状况也极为严峻。镰仓幕府末期随着地方武士的抬头，地方武士开始积极扩大领主权限以期支配地方。本来应该支付给公家的庄园年贡被武士夺取，这种倾向在南北朝以后更加明显。守护擅自收取"守护段钱"等苛捐杂税，庄园的负担逐渐增加。最终庄园的经营有名无实，公家的经济越发窘迫。例如，公家中的一条兼良的祖父是二条良基，是南北朝时期的硕学通儒，一条兼良本人也是知识渊博的学者，为后世留下大量的代表作，但是在应仁·文明之乱时期，由于无法从庄园收取到年贡，一条兼良不得不顾自己 78 岁高龄到越前国收回自己的庄园，但是被越前国的守护朝仓拒绝。[②]

公家的生活困顿、经济拮据已是不争的事实，但是他们依然通过赏花赠花、吟诵和歌来表达自己的阶层趣味，保持自己的文化格调。日本学者家永三郎对于公家集团的花前月下、吟诗作赋的行为的解释是：他们拥有极高的身份，享尽荣华富贵，然而他们的地位

---

① 渡辺大門：《戦国の貧乏天皇》，柏書房，2012 年，第 121～125 頁。
② 渡辺大門：《逃げる公家、媚びる公家——戦国時代の貧しい貴族たち》，柏書房，2011 年，第 24～39 頁。

是由一种惰性所维持的，他们没有光明的未来，随遇而安，没有革新和树新风的志向，甚至可以说他们在尽力避免这样做。对于公事，他们遵循先例，认为一举手一投足违反先例都是极为失礼的。这种墨守成规的行为是通过惰性而保持支配地位的明证。①

但是笔者并不完全赞同这种解释，笔者认为，在平安时代，公家集团执掌权力，在政治、社会、经济、文化各个领域都处于较高的地位，而中世，随着权力被架空，公家只能在文化领域、精神层面表现权威，为了确保自己的地位，避免向下流动，公家集团通过花的赠答与欣赏达到身份区隔的目的。

《看闻日记》中应永三十一年（1424 年）六月二十六日条，"月次連歌、祐誉僧都頭役也、申沙汰如例、会众例式也、連歌一懐紙之間、八幡有烧亡、仰天近辺出见之、山上山下三所煙立上、山下殊おしたたしく炎上、社頭薬師堂無为也、先以安堵之間、連歌又始之"。

在京都的治安岌岌可危的情况下，贞成亲王及其近臣依然举行月次连歌，周围大火熊熊燃烧，贞成亲王先暂时停止和歌会，确认无大碍之后又继续开始吟诵和歌。山崎正和在《室町记》中也指出，应仁·文明之乱，武家争夺势力，京都及其周边一片混乱。在这一时期的争夺中，京都的街道被烧毁，重要的文化遗产化为灰烬。但是公家吟诵诗歌，玩弄管弦、猿乐、蹴鞠、赏花等优雅地度日，作为生活基盘的庄园正被武士侵蚀，但他们似乎预感不到这一基盘即将消失。②

在生命危在旦夕之际，确保自己的安全、四处逃命似乎应该是人之常情。而贞成亲王依然优雅地举行连歌会，吟诵和歌，对于这种行为，用墨守成规、随遇而安等进行解释并不具有说服力。在和

---

① 家永三郎：《古代贵族の精神》，岩波书店，昭和三十三年，第 7 ~ 8 頁。
② 山崎正和：《室町記》，朝日新聞社，1990 年，第 199 頁。

平时期，对于公家集团无所事事、吟诵和歌也许可以理解为由于仕途多舛而逃避现实，但是在战乱四起、命悬一线之际仍然举行连歌会，笔者认为这其中包含着某种执念，这种执念可以通过日本本土化的概念"格"意识进行说明。

笔者所提出的"格"并不是由经济资本或者说经济地位所决定的，而是一种身份，类似于地位群体这一概念。对于"格"意识，笔者的定义是，从属于某一阶层的人为了保持自己所属阶层的特性而具有的强烈意识，这一意识是长期以来形成的，能够在代际间传递，是持久的，并不随经济环境、政治环境的改变而改变。笔者通过自古以来的家格意识考察日本人的"格"意识。

家格指家的"格式"，而格式是指根据社会上的身份、阶层而具有的礼仪、规矩。从身份制开始的古代到近代，家格是承担社会全体秩序的评价体系。家格不是针对家庭进行的评价，而是将国家乃至社会构成成员全体阶层化，依据特定的氏族成员所具有的血统和地位进行排序，是一种使氏族间的地位固定化、阶层化的制度。家格与其他身份、地位等序列的不同之处在于身份、地位永远属于个人，但是家格是以特定的家为单位的评价体系。很多场合，决定家格的是祖先的血统以及与其相伴的传统权威。与皇室或王室的关系以及与有力氏族的亲疏远近极大地左右了家格。平安时代后期，在律令制度下通过买官鬻爵获得官职的机会增加，武士提高地位的机会也开始增多，随着世袭化，家格逐渐固定，战国时期家格的秩序暂时崩溃，但是江户时代，不仅公家集团的家格被恢复，武家集团中也引入家格，形成了更加成熟的家格体系。

公家社会中，根据家分为极位极官与文武官，摄关家以下分为清华家、大臣家、羽林家、名家、半家，形成了相应的家格，各家当主的官位也根据家格进行授予。根据家的成立时期，分为旧家、新家；根据与天皇的亲疏远近分为内内、外样等。武家集团在江户时代确立了家格，拥有一万石以上石高的武士为大名，一万石以下石高的武士分为将军的直臣旗本、御家人，并且，在诸藩中确定了更为细化的家格。特别是大名的家格中，根据与将军的亲疏远近、大名有无家系以及石高的多少，在参勤交代登城时被分配的房屋（伺候席）也是不同的，分为御三家的大廊下，国主大名的大广间，谱代大名等的帝鉴间、雁间，外样大名的柳间等。在官位的叙任及谥号的授予等所有方面的待遇都根据家格阶层化。幕府的直属家臣旗本、御家人被授予上级旗本的官位，并被委以重任，与此相对，中间、下级旗本无位无官。旗本被允许谒见将军，御家人则没有资格，在幕府的直臣之间也确定了极为严格的家格。在诸藩，家老以下的职位可以世袭，正规的家臣上级武士与居住在藩的武士和势力强大的百姓构成乡士，在大名的领地内通过家格形成严格的身份等级制度。另外，农村也存在家格。村官多为中世武士的后代，作为乡士得到认可。村内部分为本家和分家、侍分与百姓分、主家和被官、重和平等各种名称的家格。乡士和村官作为开拓者拥有上级家格，可以担任村中祭祀的宫座或者就任村干部。与此相对，分家以及从其他地方移居过来的家庭家格较低。进入明治时代，虽然还有江户时代以前的皇族、华族、士族、平民等称呼，但是士族和平民不能看作家格。因此江户时代的大名及一万石以上的有力家臣之外的武士、农工商家格已经崩溃。但是由于家制度的成立，家风、门第等法律身份之外的家格观念依然存在。①

二战后，依然可以看到"格"意识对现代日本社会的影响。1959 年 4 月 10 日，皇太子明仁亲王与正田美智子喜结连理，但是因为美智子是平民出身而非皇族、华族②，最初这段婚姻遭到皇室内外

---

① 资料来源：http://ja. wikipedia. org/wiki/% E5% AE% B6% E6% A0% BC。
② 实际上皇后是德川氏的远祖新田义重的忠臣德川乡乡士生田氏的后代，如果追溯到南北朝时期，皇后的家格并不低下。

的反对。昭和天皇的侍从长入江相政在其著作《入江相政日记》中写道，香淳皇后向昭和天皇申诉道："东宫与平民结婚，简直岂有此理。"但是最终，在昭和天皇的许可下这段风波才尘埃落定。① 虽然正田美智子不是世袭的皇族，但实际上正田美智子的父亲是日清拉面的创始人，其家族也是声名显赫，财力雄厚，而日本的皇室并不认可这一身份，认为其家格过于低下。正是由于皇室中依然存在强烈的家格意识，因此无论对方的经济实力如何雄厚，如果家格较低也是不予以认可的。尽管在日本存在各种政治联姻，如安倍晋太郎与岸信介的女儿岸洋子的结合，九州麻生财团的麻生太贺吉与吉田茂的三女儿吉田和子的婚姻，麻生太郎与铃木善幸的女儿铃木千鹤子的结合，吉田茂的长女吉田樱子与岸信介的堂兄的结婚，竹下登的女儿竹下一子与金丸信的儿子金丸康信的联姻。但是皇室与政治家、富商大贾并不联姻。关于其中的缘由，笔者认为，明治维新时期，各藩的下级武士推翻幕府，如福泽谕吉、井上馨等，他们确立了近代国家的发展模式，虽然二战之后已经没有公家武家的表述方式，但是，由于家风、门第，即日语中的"家系"等法律身份之外的家格观念依然存在，所以，可以认为明治维新以后的政治家继承了武家集团的行为方式，政治家也可以看作属于武家的家格。因此，皇室承认公家集团内部的联姻而认为掌握政治实力的政治家及财力雄厚的经济家的家格依然低下，对其不予以认可。

　　长期以来家格在日本社会占有重要地位，家的社会地位由家格决定，这一社会地位是世袭的，不随经济实力的变化而变化。中国有句俗语"富不过三代，穷不出五服"，意思是指富贵和贫贱都并非长久的，而会在某一代发生变化。而公家集团的家格使拥有这一家格的贵族通过世袭获得一定的特权，这一特权并不随世代的变化而

——————————

　　①　资料来源：http://ja.wikipedia.org/wiki/%E6%98%8E%E4%BB%81。

变化，而是可以在代际之间传承。虽然中世，公家集团已有名无实，但出于对家格的重视，公家集团在经济极为窘迫的情况下依然竭尽全力保持自己的"格"，日常生活中赠送鲜花、赏花，在生命岌岌可危的情况下吟诗作赋等这些行为都可以看作贵族"格"意识的体现。正是由于公家集团具有强烈的格意识，从而使自己的阶层在精神层面保持上位，或者说为了不使自己被"格下げ"（降格）而努力通过这一手段保持自己的"格"。

第六节 小结

在本章中，笔者主要考察了在日常生活中梅花赠答的模式。首先，可以发现梅花的赠答次数与食物的赠答次数正好相反，关系越亲近的人之间赠答次数越多，相反则越少，而食物的赠答是贞成亲王与室町殿之间的次数为最多。在上一章中，笔者提及在与室町殿的赠答中，食物起到了关系确认的作用，因此次数最多，但是在本章中，可以发现梅花所起的作用是身份区隔，体现阶层趣味，因此贞成亲王与近臣及寺家之间关于梅花的赠答次数较多，而与室町殿之间的赠答次数较少。其次，从室町殿对于梅花的执着程度来看，室町殿希望积极摄入公家文化，甚至可以说其对公家文化是敬仰的，希望通过自己的赏花、赠花行为而体现自己的趣味。最后，笔者通过上述赠花、赏花行为分析其背后的行为动机，笔者认为这源于公家集团根深蒂固的"格"意识，尽管《看闻日记》中贞成亲王经常申诉自己生活之苦，甚至无出席仪式的体面服装，但是其依然赏花、赠花，这并非逃避现实，自甘堕落，而是在表达身份区隔，通过强烈的"格"意识凸显自己的高贵性，进行无声的、积极抵抗。

第六章

援助性场合中的赠答模式

　　中世表达援助的词语有助成、访（とぶらう）、志（こころざし）、劝进（勧進）、寄进等。助成与访的意思较为接近，是基于特定关系的赠予，包括"生病时的探望""经济援助"等。劝进、寄进、布施是佛教用语，劝进指僧侣为了普度众生而进行的传教活动，其中伴随着经济上的援助，寄进指向寺院和神社赠送土地、金钱以及财物等，布施指将金钱、实物布散分享给别人。本章通过考察"助成""访""布施""劝进"等分析中世援助性场合中的赠答模式。

第一节　贞成亲王与近臣及后花园天皇之间的赠答

一　日常生活中的赠答①

　　贞成亲王与近臣之间的相互援助体现在生病等日常生活场合以及火灾等突发性事件中。这种援助性场合中的赠答并非下位者的赠予，而是上位者和下位者相互之间对需要援助的人进行赠予，赠予

---

　　①　由于《看闻日记》中援助行为主要出现在贞成亲王与近臣及后花园天皇之间，笔者在分析时根据援助的场合分为日常生活场合与宗教性场合，分析在不同情形下援助者援助的不同物品、遵循的原则等，另外后花园天皇为贞成亲王的长子，所以笔者将其与近臣作为同一圈层进行考察。

的场合并不固定，多为临时性的赠予，主要目的是经济援助，赠予的物品也不固定，根据对方的需要而赠送不同的礼物，生病时赠送酒、钱、垂木，发生火灾时赠送木材等（见表 6-1）。

表 6-1　日常生活中的赠答

时间	事项	赠予者	受赠者	物品
应永二十四年（1417 年）闰五月二十七日	抑近衛局腫物平俞了、今日被湯始云々、医師賜禄、予助成遣之	贞成亲王	近卫局	禄
八月八日	前宰相板輿之材木、進之、予乗輿不所持闕如之間、宰相所領濃州自加納郷召寄進之、芳恩之至不知所謝、別而忠臣異于他之間、不顧窮困、施芳志之条、以何可報謝乎、濃州美物等同献之	前宰相	贞成亲王	木材、美物
应永三十二年（1425 年）八月十七日	源宰相竹木等雑物遣之、炎上助成不事行之間、聊表微志了	贞成亲王	源宰相	竹木等杂物
永享八年（1436 年）八月二十七日	自内裏鴈二・海月一桶給、大光明寺松茸三合・雲居庵松茸一合被進、大通院同一合進之、赤松浦上海月二桶献之、持経自尾州美物取進、西宮美物又到来、自伏見鯉進之、法安寺・山田楊柳寺・蒼玉庵等木実等進之、面々助成也	内里、大光明寺、云居庵、大通院	贞成亲王	雁、海月、松茸、海月、鲤、木
八月二十八日	自三条榁五荷・美物色々被進、助成也、先日白太刀一被進、今度之助成芳志之至也、伯三位美物十色進、是助成為悦、菊第美物二種、源宰相両種進之、西室大夫榁十進之、不思寄芳志也、追太刀一還礼遣、畏申、真野経増種々進之	三条、伯三位、菊第、源宰相、西室大夫、真野経増	贞成亲王	榁、美物、太刀、

时间	事项	赠予者	受赠者	物品
永享九年（1437年）十月二十日	南御方二衣自内裏被進、御助成君恩之至珍重也、春日殿薄衣、同被下、旁御芳志也	内里	南御方	衣

资料来源：宫内厅书陵部编《看闻日记一》卷3，《看闻日记三》卷11，《看闻日记五》卷27、卷28，明治书院，2012。

在表6-1中，应永二十四年（1417年）八月八日条，"前宰相板舆之材木、進之、予乘舆不所持闕如之間、宰相所領濃州自加納鄉召寄進之、芳恩之至不知所謝、別而忠臣異于他之間、不顧窮困、施芳志之条、以何可報謝乎、濃州美物等同献之、去舟順事"。贞成亲王没有坐轿，前宰相从所领浓州运来木材进献给贞成亲王，贞成亲王对于近臣情深义重的行为感激涕零。

永享八年（1436年）八月贞成亲王欲举行"会所室礼"，由于室町殿亲自光临，因此贞成亲王不敢怠慢，从八月七日起即商定室町殿可来之日，永享八年（1436年）八月七日条，"室町殿渡御事、在方卿日次事尋、来廿九日吉之由勘進、付西雲可被披露之由令申、今御所入来、西雲有被申旨、軈被归、又御乳人遣御赠物事申談"。通过在方卿询问适宜之日，因为二十九日为吉日，遂确定二十九日举行会所室礼。从八月二十七日起，近臣的援助之物即已送到，后花园天皇赠送雁、水母，大光明寺赠送松茸，云居庵赠送松茸，大通院赠送松茸，赤松浦上赠送海月，持经赠送尾州的鸟鱼，西宫赠送伏见鲤鱼，法安寺、山田杨柳寺、苍玉庵等赠送树木的果实等，"面々助成也"，八月二十八日，三条赠送垂木、鸟鱼，伯三位赠送鸟鱼十种，菊第鸟鱼两种，源宰相两种，西室大夫赠予垂木，对于这一意外的礼物，贞成亲王随即进行了还礼。可见在贞成亲王招待室町殿的宴会上，近臣纷纷进行援助，在重大场合，援助的礼物在数量、分量上也会相应地增加。对于近臣的援助，贞成亲王并不回礼，但是对于非近臣者西室大夫则立刻回礼，遵循有赠必答模式。

二　宗教性场合的赠答

在布施这一宗教性场合，贞成亲王与近臣之间也会相互援助，赠予的物品是法华经、金刚经、寿量品等物品（见表6－2）。

表6－2　宗教性场合的赠答

时间	事项	赠予者	受赠者	物品
应永二十三年（1416年）十二月三日	長広朝臣参、勾当局御経・加布施三百疋被進之	仙洞	勾当局藤原能子	御経金刚经翻御遗书铭仙洞御笔
十二月二十三日	自菊第法花経一部・御布施被進之、尽七御追善殊更表懇志之由左府申	菊第	法花经	法花经渐写一部・御布施三百匹
十二月二十四日	隆富参、相応院門跡御馬一疋被進之、諷誦御布施云々	隆富相应院	贞成亲王	御佛事料二百匹献之门迹御马一匹但代二百匹被進之
应永二十四年（1417年）七月十九日	故南向明日一回也、仍提婆一卷自写、布施、菊第遣之、畏悦不知所謝云々	贞成亲王	菊第（今出川公行）	提婆一卷自写、布施二百匹
应永二十五年（1418年）二月十日	自長階局御仏事料小事被助成、隆富同進之	藤原能子	贞成亲王	佛事料

时间	事项	赠予者	受赠者	物品
应永二十八年（1421年）七月十三日	故左府卅五日来十七日之间、法花经一部·布施·茶十袋，菊第新亚相遣之、如形表懇志畢	贞成亲王	菊第新亚相	法花经一部、布施三百匹、茶十袋

资料来源：宫内厅书陵部编《看闻日记一》卷3、卷4、卷5，《看闻日记二》卷6，明治书院，2012。

应永二十三年（1416年）十二月五日条，"抑大光明寺御仏事、别而被入事依計会不事行之间、如形点心料·茶子一盆被遣之、籠僧骨折為被謝也、凡御仏事料欠乏之间、御恩輩被配分、对御方·近衛局·信俊卿·重有朝臣·隆富·永基·勝阿等涯分致沙汰"。大光明寺是伏见宫的菩提寺，在举行佛事之际，对御方、近卫局、信俊卿、重有朝臣、隆富、永基、胜阿等人纷纷援助，但是个人根据各自的身份而援助不同的物品。

通过表6-1、表6-2可以看出，无论是在日常生活、仪式性场合还是宗教性场合，贞成亲王与近臣之间都会相应地进行经济援助。贞成亲王之所以与近臣频繁地进行援助，首先，这与当时中世日本人强烈的集团意识是分不开的。室町时代人们根据身份、阶层组成各种集团，除公家集团、武家集团、寺家集团之外，也根据地域组成村人集团、町人集团。由于战乱频发，社会极为混乱，人们无法从公的领域得到保护，因此只有组成集团，向私的领域寻求庇护，如果受到不公正的待遇，集团成员会替其伸张正义。

例如，宝德二年（1450年）七月，细川管领家分家的和泉国下守护大名细川赖久，杀害了一名山伏①。史料没有明确记载他为什么要杀害山伏，但是被害山伏的朋友义愤填膺，聚集起来包围大名的

---

① 山伏是指在山中修行的僧人。

官邸，山伏占据新熊野社与和泉下细川家，同时，山伏将全国各地的山伏召集到京都。这一天，从全国各地集结而来的山伏一举包围和泉国下守护的官邸，他们准备扛着神轿闯入官邸，细川赖久的官邸陷入一片混乱。第二天，细川为了表示歉意，派出两名人质，并且赔偿 120 贯和田地 16 町，付出了极高的代价，同时赠送"神马"，表现出极为谦卑的姿态，才将危机化解。①

正因为山伏缔结成集团，当其中一名山伏受到不公正的待遇时其他山伏才会为其仗义执言，而与此相反若不从属于某一集团，即使被残忍杀害其他人也会袖手旁观。例如，文安元年（1444 年）五月，山名大名的女中坐于轿中，几个儿童围在轿子周围唱着歌谣，这时一个侍从拍了其中一个儿童的头，突然另外一个侍从将儿童残忍杀害，他认为儿童走在队列前面是极其失礼的，儿童被害后没有人为其打抱不平，因为这个儿童是一名孤儿，不属于任何集团。② 对于生活在中世的人来说，集团是一个极为重要的庇护组织，所以人们极为重视自己所属的集团，当集团中的某一人需要援助时会积极提供帮助。

其次，公家集团间的援助是单方面的赠予，赠予原则类似于近代社会的义理，即在集团内部，人们基于一种道德义务而进行援助，这其中可能存在不情愿的成分，但是作为一种道德准则，人们需要对集团内部的人提供帮助。若不进行援助则会遭到谴责。如长历二年（1038 年），资房"事储参河守聊不致其访云云、奇怪人也"，藤原资房的妻子生子，实家三河守由于没有进行经济援助而受到责难。③

---

① 清水克行：《喧嘩両成敗の誕生》，講談社，2006 年，第 65 頁。
② 清水克行：《喧嘩両成敗の誕生》，講談社，2006 年，第 21 頁。
③ 遠藤基郎：《中世における扶助の贈与と収取》，《歴史学研究》第 636 号，第 1~11 頁。

人情与义理是分析赠答模式的一个重要原则，源了圆在《义理与人情》中认为，义理产生的最初形态是对于好意的回报。当插秧、收割时接受了别人的好意或得到了帮助时，当然会对人家产生想要报答的念头，而施予好意的人也期待着得到报答。同时，他们所属的群落中的人们，也都在观察好意是否得到了回报。现在日本农村中存在的"优依"（劳动协作）、"茂雅依"（相互请客吃饭），"虽然名称不同，但在好意与好意的交换这一点上，作为社会事实它们正是义理"。①

伊藤幹治认为，义理是成立于近世初期的社会规范。最初义理的含义是"人的正义之路"（广义），"君臣主从遵守的规范"（狭义），近世中期这一社会规范逐渐受到人们的重视，义理有两个范畴，一个是道德上的义务，另一个是负债或欠钱。义理中以"回报"为重点，义理是对好意的回报，如果将义理这一概念在赠予论或交换论中进行解释的话，义理是基于互酬原理的概念。②

伊藤幹治认为义理是近世确立的赠答原则，源了圆认为这一回报别人好意的行为自古有之，尽管二者略有不同，但都强调义理中的回赠原则，而中世的援助行为虽然基于义理原则，但是其重视的是提供援助，基于责任、义务而进行赠予，其所强调的是赠予行为而非回报行为。

第二节 贞成亲王与寺家之间的赠答

在与寺家的赠予中，贞成亲王主要与藏光庵、法安寺、大通院③、

---

① 〔日〕源了圆：《义理与人情》，李树果、王健宜译，王家骅校，天津人民出版社1996年版，第30页。
② 伊藤幹治：《贈答の日本文化》，筑摩书房，2011年，第94~97页。
③ 荣仁亲王的菩提所。

大光明寺①、行藏庵②、即成院③、永元寺④、真乘寺等寺家在布施及御佛料方面进行援助。笔者囿于资料有限，没有查找到所有寺院的详细背景资料，依据现有资料可以发现这些寺院的住持多为公家出身，例如劝修寺经成是参议、权中纳言、后小松院别当、传奏、伏见殿外样；另外由于大光明寺是伏见宫的菩提所，所以贞成亲王与大光明寺长老之间的援助性行为较多（见表 6-3、表6-4、表 6-5）。

表 6-3　公寺之间之布施

时间	事项	赠予者	受赠者	物品
应永二十三年（1416 年）十二月十日	故西御方年忌也、玄中·妙俊等請之、斋点心如例、予持斋断酒也、凡御七日每度持斋断酒也、勒王院主法花経一部、布施千疋被進、不慮之儀芳志之至也、草玉庵茶子等献之	勒王院主洪西堂	贞成亲王	法花経一部、布施千匹
十二月二十一日	六七日御仏事引上、自岡殿法花経一部·布施被進之、御看経目六被相剮、慇懃御沙汰也	冈殿	贞成亲王	法花経一部·布施二百匹
应永二十四年（1417 年）十一月十八日	椎野光臨、槌·茶子種々賜之、惣得庵参来、茶子以下持参、隆富参、御仏事料献之、左府御仏事料被進之、勾当局寿量品、翻御遺書、御経·加布施二百疋献之、人々芳為悦也	物得庵、隆富、左府、勾当局、	贞成亲王	佛事料二百匹、御経、布施

资料来源：宫内厅书陵部编《看闻日记一》卷 2、卷 3，明治书院，2012。

---

① 临济宗相国派的寺社，伏见宫的菩提所。
② 庵主为寿藏主。
③ 真言宗泉涌寺派，创立者是藤原赖通，创建时在伏见桃山（京都伏见区桃山）。善基藏主，即成院住僧。
④ 临济宗妙心寺派。

表 6 - 4　公寺之间御佛事料

时间	事项	赠予者	受赠者	物品
应永二十三年（1416 年）五月八日	大光明寺得都主参、点心料代持参、是明日有仏事、長老被拈香、御所様有御徳聞、可畏入之由申、得都主亡父卅廻追善執行、仍如此申云々、可有御徳聞之由被仰、賜御盃、茗十袋賜之	大光明寺	贞成亲王	点心料
六月十一日	行藏庵明日有仏事、御経、加布施、被送遣了、明見庵主奉公主忠節不思食忘之間、為酬之被遣畢、寿藏主殊畏悦申	贞成亲王	行藏庵	布施百疋

资料来源：宫内厅书陵部编《看闻日记一》卷 2，明治书院，2012。

表 6 - 5　贞成亲王与寺家之间御助成

时间	事项	赠予者	受赠者	物品
永享九年（1437 年）四月十三日	御沙弥帰寺、来二日可懸御袈裟云々、仍折紙進之、殊更許助成也	御沙弥归寺	贞成亲王	折纸五百疋

资料来源：宫内厅书陵部编《看闻日记一》卷 3，《看闻日记二》卷 7，《看闻日记六》卷 29，明治书院，2012。

通过表 6 - 3、表 6 - 4、表 6 - 5 可以看出，贞成亲王与寺家之间的赠予主要限于宗教性场合，通过与近臣之间的比较可知日常生活中的援助性行为较少，仅有两例。随着关系的疏远，生活中的援助性行为逐渐减少，援助性行为仅限于特定的宗教性场合。

第三节　贞成亲王与地下众及后小松上皇之间的赠答

在《看闻日记》中，地下众及后小松上皇与贞成亲王之间援助的情况非常少，与地下众之间的援助仅为三例，与后小松上皇之间的援助仅为一例，赠予的物品也是在不同场合有所不同（见表6-6、表6-7）。

表6-6　与地下众之间的赠答

时间	事项	赠予者	受赠者	物品
应永二十四年（1417年）二月二十三日	今日二七日御仏事引上如形作善執行之、抑石見郷代官五百疋進之、大通院御訪云々	代官	贞成亲王	五百疋
永享六年（1434年）十二月二十日	郷秋御訪少事給、今春約束之間被下	贞成亲王	乡秋	

资料来源：宫内厅书陵部编《看闻日记一》卷3，《看闻日记五》卷20，明治书院，2012。

表6-7　后小松上皇的援助

时间	事项	赠予者	受赠者	物品
永享二年（1430年）闰十一月十五日	抑自仙洞山国之材木車三両被下、御使弥藤丸・孫鶴丸参、造作之由被聞食及之間、御助成被下云々、畏悦之由御返事能々申入、四辻参之時修理之式物語申入、彼卿申沙汰云々、畏悦也	后小松上皇	贞成亲王	材木

资料来源：宫内厅书陵部编《看闻日记三》卷20，明治书院，2012。

永享六年（1434年）四月二十七日条，"言秋参、郷秋瘡之所労以外難儀云々、御訪可被下之由申、只今不事行之間、来秋可被下之由給奉书了"，言秋[1]拜见贞成亲王，因为乡秋疾病缠身，要求贞成亲王进行援助，贞成亲王约定秋季赠予。五月六日条，"言秋参、郷秋病気水腫云々、御訪事申、不及楽之沙汰"，言秋再次提及乡秋的病情，要求贞成亲王进行经济上的援助，而贞成亲王没有回应，最终在十二月二十日，遵守春季的约定进行了援助。

---

① 言秋、乡秋为乐人。

对于贞成亲王与地下众、后小松上皇之间的援助，可以认为：首先，地下众与后小松上皇并非集团内部之人，因此，双方没有相互援助的责任与义务。因此，尽管乡秋疾病缠身，但是贞成亲王并没有像近臣生病那样及时援助，而是在言秋多次提出要求的情况下才进行赠予。其次，是否集团内部之人是决定援助的重要标准，随着关系的疏远，援助的情况也逐渐减少。最后，对于非集团内部之人，多是上位者提供援助。

第四节　室町殿对贞成亲王的援助

室町殿对贞成亲王的援助主要发生在贞成亲王的生活极为窘困之时，时间并不固定，礼物多为重宝。如永享三年（1431 年）六月十一日，因为贞成亲王"穷困之式被申"，室町殿赐予五千匹。又如，永享五年（1433 年）三月十六日条，贞成亲王因无"御鬓御装束"又申穷困之时，室町殿又赐御袍，十二月二十四日，因为东御方①无宿衣之事传入室町殿处，室町殿随即赐予宿衣（见表 6 - 8）。

表 6 - 8　室町殿的援助

时间	事　项
永享三年（1431 年）六月十一日	自室町殿五千疋赐之、上臈状如例、西雲庵取次进之、是穷困之式被申之间、别而御助成也、不存寄御芳志、喜悦无极
永享五年（1433 年）三月二十六日	抑禁里御鬓御装束可参候之由、室町殿以宰相入道被仰出、装束不所持、穷困之由宰相入道申入、仍御袍被下、又所领事等委细有御寻云々、近来家业如无、复旧仪之条、面目之至也、崇光院以来奉公、当代殊更兴家业之条、诚以珍重也

———————

①　贞成亲王的庶母。

时间	事项
永享六年（1434年）二月三日	南御方室町殿御引物、入江殿被執進、錦襴一段・堆紅盆一枚・練貫十重・引合十貼、上様織小袖二重・練貫三重・引合十貼被進、重宝驚目、入江殿南御方有御引物、種々物共令悦目了
永享九年（1437年）十月八日	抑行幸南御方参之時着用之袴不及新調之間、内々西雲上様へ被申、仍御袴被出、御助成之至為悦

资料来源：宫内厅书陵部编《看闻日记三》卷 14，《看闻日记四》卷 17，《看闻日记四》卷 19，《看闻日记六》卷 30，明治书院，2012。

尽管室町殿对贞成亲王进行了积极的援助，贞成亲王也是感恩戴德，但这种援助与贞成亲王和近臣之间的援助性质是不同的。首先，室町殿对贞成亲王进行援助是为了保全贞成亲王的颜面。贞成亲王与近臣之间的相互援助多发生在生病、火灾以及对方举行重要仪式等场合，而室町殿的援助仅在贞成亲王的生活捉襟见肘之时。另外，当贞成亲王、南御方、东御方每每因为经济窘迫而无法使自己的生活得体之时，室町殿立刻送来重宝。近臣的经济援助类似于千里送鹅毛，礼轻情意重，而室町殿的礼物对于贞成亲王一族来说如同雪中送炭，但是这其中并不存在义理、人情等，也不存在感情的连带，也非出于责任与义务，仅仅是出于对对方颜面的考虑，即不让贞成亲王一族因生活拮据而颜面扫地，使其保持与其家格相匹配的生活。在第二章中笔者提到，在八朔的赠答中，为了不使对方感到耻辱，任何人在赠答中都要遵守"相当"这一原则，同样当公家集团的生活捉襟见肘之时，室町殿作为幕府的最高统治者需要为保留公家集团的颜面而对其进行援助。这不是仁慈、出手阔绰的表现，仅仅是为了保留对方最基本的底线。笔者提到永享八年（1436年）八月二十九日室町殿欲参加贞成亲王所举行的会所室礼，对此近臣纷纷赠送各种礼物进行援助，但是这些礼物仅是锦上添花，对于贞成亲王而言依然是杯水车薪，贞成亲王对于资金的缺少左右为难，八月十二日条，"抑公方渡御要脚更不沙汰出之间、西云申谈之处、上样御具足密々申出云々、蒔絵手箱一合芸荘具足镜以下入、食楼四借給、殊勝重宝也、被出之条御芳恩之至也、計会之余不顾其憚西云申谈了、公方隐密努々不披露事也"。贞成亲王因无足够的资金举办仪式，遂与西云商谈，上样①得知此事后同意将重宝借给贞成亲王进行抵押，而贞成亲王则用抵押而来的资金举办仪式。也就是说，贞成亲王招待室町殿的资金其实是从室町殿的夫人那里筹措的。

永享九年（1437年）正月二十九日条，"早旦自三条源宰相可来之由申、则参、昨日御参内御取乱之间、無一献之条、背御本意之条可申之旨、夜前猶承云々、将亦去年被入申之时、要脚いかほど入哉、惣御無现何程哉之由被寻、大概觉悟之分御無现千四百贯歟之由申、渡御之时要脚五六百贯入歟之由令申、帰参次由申间、御赠物一献等以下注文七百六十余贯之由、注折紙遣之、立帰参令见私不審申云々、折紙披见被帰了、若公方内々有御寻歟、不審也"。

贞成亲王的近臣庭田重有突然被义教的近臣三条实雅询问：义教永享八年（1436年）八月二十八日室町殿访问伏见宫时贞成亲王的花费为多少？伏见宫家的总收入是多少？重有回答道："总收入大概是一千四五百贯，这次招待花费五六百贯。"之后庭田重有询问贞成亲王后，贞成亲王又以书信的形式进行了订正，实际花费为七百六十余贯。贞成亲王对于这种询问感到不可思议，推测这实际上是室町殿的询问。

樱井英治认为，室町殿之所以询问贞成亲王的花费是为了进行

---

① 室町殿的正室。

经济性的援助。但是这种援助是不会表面化的，而是秘密进行，因为这样不会对双方产生任何影响。在表面上，义教依然充满敬意地与贞成亲王交往，对贞成亲王赠送的礼物表示感谢，尽管被招待一方自己承担招待费用的这种行为对于生活在现代社会的人来说难以理解，但是在成熟的仪礼社会中权力就是如此运作的。①

同样，对于满济的窘困室町殿也绝不会袖手旁观。《满济准后日记》永享元年（1429 年）十月二十三日条，"今度御即位事。依窮困難沙汰立。先御代御時五万疋御訪於被下。其上二三万疋以私力令沙汰了。其外侍等事松波以下恩給侍等。涯分令出立罷出了。二万疋令加增。七万疋可被下行之由。只今为室町殿被仰下云々。"天皇即将举行即位仪式，频频申诉穷困，以往先帝即位时室町殿援助五万匹，之外天皇自己筹措两三万匹，而此次即位也希望室町殿能进行援助，室町殿决定援助七万匹。不让对方感到窘困是中世日本人基本的行为准则，室町殿作为幕府的最高统治者深谙世故。

在以往的国民性研究中，研究者多强调日本人的集团主义，认为日本人重视集团内部关系，对集团之外的人则较为冷淡，然而通过对上述事例的分析我们可以发现，对于集团之外的人，日本人也并非漠然处之。正如室町殿所为，对于室町殿而言，贞成亲王是集团之外的人，双方并不存在义理、人情等，也没有责任义务，因此室町殿并不需要对贞成亲王进行生活上的种种援助，但是当贞成亲王的生活窘困时，室町殿并非袖手旁观，置身事外，而是相应地给予援助，使其保留一定的颜面，以便其能维系基本的生活。

耻是分析室町殿援助行为的关键词，而关于中世日本人的耻辱感可以通过如下事例进行说明。《看闻日记》中永享四年（1432 年）五月二十四日条，"聞、去廿日北野社僧七八人児一両人相

---

① 桜井英治：《贈与の歴史学　儀礼と経済のあいだ》，中央公論新社，2011 年，第 197 頁。

伴、下京辺勧進くせ舞見物、面々酔気之間、北山鹿苑寺未見之由申、帰路彼寺罷向、寺門僧人小便、児見之咲之間僧尤之、仍申合之間忽喧嘩及刃傷、北野法師二人死、僧一人死、自鹿苑寺北野欲押寄、室町殿被聞食、北野寄事不可然之由被止之、両方之儀被聞食、北野法師僻事之由被仰、彼輩被召捕被籠舎云々、不思儀天魔之所為歟"。北野社的社僧下京观看"劝进くせ舞"，酩酊大醉的社僧因为未见过金阁寺欲前往金阁寺观光，在寺门看到金阁寺的僧人小便，便对此嘲笑一番，双方为此发生口角，之后则发展为相互砍杀，北野法师二人死，金阁寺僧人一人死，金阁寺的僧人欲集体攻击北野社时，室町殿闻讯后连忙安抚，才制止了大规模械斗的发生。

人们会因为对方的一个动作、一个嘲笑而砍杀对方，而自己所属的团体又会助阵，导致发展成为大规模的械斗，这种情况在中世时常发生。清水克行认为这源于日本人强烈的名誉意识。而荣誉之心与耻感是同一价值观的一体两面，在中世，人们对荣誉之心有一种强烈的执着，同时对耻感也极为敏感，当人们觉得自己的名誉受损时会不惜性命洗刷自己的污名，同样，当感到耻辱时也会不惜代价洗刷耻辱。因此保留对方的颜面、不让对方感到耻辱是最基本的底线，室町殿的这一做法也体现了其作为中世一分子的行为模式。

第五节　《满济准后日记》中的赠答模式

在《满济准后日记》中同样可以看到布施、佛事料、寄进等行为，如表 6 - 9 至表 6 - 13 所示。

表 6 - 9　布施行为

时间	事项	赠予者	受赠者	物品
应永三十四年（1427 年）十一月十日	今日鎮守論義布施。證義布五段。講師布四段代。問者布二段代。自理性院下行之。	理性院	证义讲师问者	布五段。布四段代。布二段代。

资料来源：满济：《满济准后日记》上，续群书类从完成会，昭和 33 年。

表 6 - 10　佛事料

时间	事项	赠予者	受赠者	物品
永享三年（1431年）五月三十日	自聖護院准后。摺写一品。并千疋。四日佛事料送賜了。自山名禅門方。佛事料二千疋。自实池院。佛事料千疋賜了。	圣护院准后山名禅门方实池院	满济	摺写一品。并千匹。佛事料二千匹。佛事料千匹

资料来源：满济：《满济准后日记》下，续群书类从完成会，昭和 33 年。

表 6 - 11　寄进行为

时间	事项	赠予者	受赠者	物品
应永二十一年（1414 年）二月六日	尊师御影供鹿苑院殿御佛事如常。昌宝山上清瀧宮造営料万疋寄進由注進之。	清龙宫	满济	造营料万匹
永享四年（1432年）正月二十日	自今晓欢喜天供始行。手代妙法院僧正。十三日御歌始。面々进折紙。用脚二万疋云々。御寄進新玉津島云々。	面面	室町殿	用脚二万匹

资料来源：满济：《满济准后日记》上、下，续群书类从完成会，昭和 33 年。

表 6 - 12　御助成

时间	事项	赠予者	受赠者	物品
应永二十三年（1416 年）三月二十一日	東寺御影供。執事光超僧正勤仕。馬二十疋助成也。	满济	东寺	马

续表

时间	事项	赠予者	受赠者	物品
应永二十六年（1419年）十二月二十五日	大阿者梨俊尊僧正七十九。自室町殿御助成三万疋云々。	室町殿	大阿者梨俊尊僧正	三万匹

资料来源：满济：《满济准后日记》上，续群书类从完成会，昭和33年。

表 6 – 13　御访

时间	事项	赠予者	受赠者	物品
应永三十四年（1427年）二月十六日	自今日于禁中五坛法始行。竹内僧正良什重被責状处。窮困過法間。非緩怠之儀由以前載告文詞申入了。尚難治旨申入間。為室町殿御沙汰御訪五千疋被遣之。	室町殿	竹内僧正	五千匹
十一月二十一日	六字修法今曉結願。今朝経祐法橋清水参申入処。然者定意僧正依窮困難搆参云云。可被下御訪。可参勤之由被仰出間。今朝申遣之。未左右無之云々。（略）定意僧正依窮困参住仕難葉由以誓文状申入間。其由披露処。御訪三千疋被下了之。仍参勤者也。	室町殿	定意僧正	三千匹

资料来源：满济：《满济准后日记》上，续群书类从完成会，昭和33年。

　　寺家与武家之间的援助行为极少，公家与寺家之间无援助性行为，这说明寺家之间的援助性行为同贞成亲王与近臣之间的赠予类似，主要存在于同一阶层之中，这种援助也是基于义理原则进行的。

　　而在表6–13中，有两例室町殿援助寺家的情况，应永三十四年（1427年）二月十六日条，"自今日於禁中五壇法始行。今度壇壇阿闍梨諸人故障。仍及兩三度。去月以來延引了。已御事闕之間。竹内僧正良什重被責状處。窮困過法間。非緩怠之儀由以前載告文詞申入了。尚難治旨申入間。為室町殿御沙汰御報訪五千疋被遣之。"五坛法的仪式因为阿阇梨的缺席而连连延期举行，竹内僧正被责备玩忽职守，竹内在告文中申辩并非自己怠慢，而是因为穷困，疾病尚未得以治愈，室町殿遂援助五千匹。同样的情况也出现在应永三十四年（1427 年）十一月二十一日条，"五坛法自今夕始行。中坛定助僧正。降尊顺僧正。軍興継僧正。大宗観僧正。金定意僧正。定意僧正依窮困参仕難叶由以誓文状申入間。其由披露處。御訪三千疋被下之了。仍参勤者也。"今晚举行五坛法的法式，定意僧正以誓文状申辩自己因穷困而无法举行法式，室町殿援助三千匹之后，定意才参与法式。

五坛法是佛教特别是密教的法式之一，是祈祷战乱平定、获得现世利益的仪式，由于阿阇梨贫困而无法正常举行，室町殿考虑到对方的颜面而对参与祭祀仪式的阿阇梨进行经济上的援助。因此，这种援助并非基于义理原则，而是出于对"耻意识"的考量。

第六节　小结

贞成亲王与近臣之间的援助性赠予主要体现在生病、发生火灾等场合，并非简单的地位高者对地位低者的援助，而是既存在上对下的援助，也存在下对上的支援。人们基于义理或义务进行赠予，在援助时有赠无答的情况较多，援助的物品多是对方所需的，不同场合有所不同。除了日常生活外，在宗教性场合也可见公家之间相互援助的情况，物品也是当时比较实用的物品，如金刚经、寿量品、法华经等。

源了圆将义理分为"冷淡的义理"与"温暖的义理"，冷淡的义理是照义理办，这时的办并非自觉自愿，而是不得已而为之。所谓温暖的义理，是指情感方面的私人人际关系中所确立的心情道德和内在规范。在现实生活总发挥作用的义理的大部分，同时具有这两种性质，其本身轮廓并不十分清楚。① 近臣因为贞成亲王没有坐轿而进献木材的赠予接近"温暖的义理"，但也存在冷淡的义理，如藤原资房的妻子生孩子，实家三河守没有进行经济援助，因此而受到责难。

贞成亲王对寺家进行援助时主要为宗教性的场合，因为寺家多为公家贵族出身，所以部分寺家与贞成亲王具有某种渊源，如大光明寺为伏见宫的菩提寺，大通院为荣仁亲王的菩提寺等，因此贞成亲王对其进行的援助较多，但是仅限于宗教性场合，是单方面的赠予，援助的物品也多为法华经、布施物等。这种援助模式也是基于义理原则，而且援助的次数远远少于贞成亲王与近臣之间的援助。

贞成亲王与后小松上皇、地下众之间的援助行为较少，因为这二者都属于他人圈层，双方不存在义理关系，因此相互之间的赠予较少。特别是贞成亲王对乐人乡秋的援助，在言秋多次要求下贞成亲王才进行赠予，可以说这种援助是在贞成亲王极不情愿的情况下进行的。

贞成亲王与武家之间相互援助的情况也较少，只有在贞成亲王和其他公家生活极为窘迫的情况下，室町殿才会进行援助，如永享三年（1431 年）六月十一日的情况，贞成亲王向室町殿诉苦，室町殿遂进行援助。另外如果没有足够的资金举办仪式时，室町殿及其正室也会相应地进行援助，如永享八年（1436 年）八月二十九日条的会所室礼以及永享元年（1429 年）三月二十三日的天皇即位。赠答的模式是有赠无答，赠送的礼物较为贵重。室町殿对贞成亲王进行援助的特点表现为：首先，室町殿对贞成亲王的援助是不确定的，仅在贞成亲王生活极为窘迫时才进行，主要目的是使其维持基本的生活；其次，赠予的物品较为贵重，对于贞成亲王来说如同雪中送

---

① 〔日〕源了圆：《义理与人情》，李树果、王健宜译，王家骅校，天津人民出版社 1996 年版，第 19 页。

炭；最后，这种情况的援助是上位者对下位者的援助。

而《满济准后日记》中的援助多为经济性的援助，多限于宗教性场合，如布施、寄进等，尽管也存在室町殿的援助行为，但仅限于重要的法式无法进行之时，这可以看作室町殿出于对满济颜面的考虑而进行的援助。

平泉澄在《物语日本史》中指出，持续 182 年的战乱源于私利私欲，臣弑君、子杀父，室町时代是一个没有理想没有道义的时代。[①] 而笔者通过考察《看闻日记》中贞成亲王与近臣、寺家、地下众、室町殿之间的援助行为以及《满济准后日记》中寺家之间、寺家与室町殿之间的援助行为发现，室町时代并非充满私利私欲，而是在一定情况下人们相互赠予、相互援助的时代，只是这种援助是有一定条件限制的。首先可以看到，公家集团内部的援助较多，这源于当时中世人强烈的集团意识，中世社会极不稳定，若不从属于某一集团生活则无法得到保障，因此，人们或按身份等级或按地域组成集团。对于集团内部的人，人们遵循义理原则积极进行援助。其次，贞成亲王对于非本集团但又有渊源的寺家集团，也遵循义理的原则进行援助，但这种援助仅限于宗教性场合。最后，室町殿会对更疏远的他人圈层进行援助，这种援助出于对对方颜面的考虑，若"他人"的生活无法维系时，室町殿也并非置身事外，袖手旁观，而是进行一定程度的援助。

以往我们在论述日本人的赠答模式时多强调义理、人情、恩等，如对朋友和伙伴的义理、对熟人的义理、对君主的义理、对恩人的义理、对邻居的义理，但这只是针对特定圈层人的赠答原则，除此之外，还有出于对对方颜面的考虑而进行的赠答，只有将这些赠答原则结合起来才是更高层次、更完整的赠答原则。

---

① 平泉澄：《物語日本史》，講談社，2008 年，第 255 页。

第七章
功利性场合中的赠答模式
——以"安堵"为例

　　"安堵"一词源于中国《史记·高祖本纪》，原为安定、安居之意，从平安时代后期开始具有权利保证的含义。平安时代后期，社会混乱，出现了侵占私有财产等情况，土地所有者为了确保自己的土地，向权力者请求保护，这种权力者保证土地所有者土地所有权的行为即是"安堵"。进入近世，安堵成为日本土地私有制度中的一种法律行为，除了土地安堵以外，也存在所职①的延续、继承、移转等方面的安堵。通过安堵，权力者与土地所有者发展成主从关系，权力者提供保障，作为补偿土地所有者进行"奉公"，在初期武家法中，权利保障与奉公的关系发展为御恩与奉公的关系。

　　由于安堵主要是确保土地的所有权，而土地对于公家集团来说即收入来源，经济命脉，因此，安堵的重要性不言而喻。为了顺利地得到权力者的安堵，土地所有者往往会向权力者赠送礼物，在《看闻日记》中就经常能够看到贞成亲王与后小松上皇、室町殿、寺家以及近臣围绕安堵赠送礼物的行为，但既然安堵是主人对臣下的保证行为，为何贞成亲王围绕安堵要同时向室町殿、后小松上皇进行赠予呢？笔者对于公家集团的土地——公家领首先做一简单介绍。

---

　　① 所职指可进行让渡、买卖、抵押等的职位。

南北朝内乱中室町幕府颁布了半济令，除了皇室领、摄关家的渡领①之外，公家集团实际上与武家集团进行下地中分②。由于公家与掌握军事权力的室町幕府无法对抗，足利义满逐渐将天皇的权限（王权）收入囊中，掌握天皇所拥有的安堵权限。义满之后，安堵不仅需要天皇的诏书，还需要室町殿的御教书和御内书。天皇的诏书对家督、家业进行安堵，室町殿的御教书、御内书对家领进行安堵。但是，在不同的时期，室町殿与天皇所掌握的安堵的主导权略有不同，进入义持、义教时代，室町殿开始对家门进行安堵。嘉吉之乱以后，天皇主要进行家门安堵，室町殿进行家领安堵。如《看闻日记》中永享五年（1433 年）十二月十二日条，"三条宰相中将参、室町殿為御使、則対面、禁裏敕书并室町殿御内書賜之、熱田社領可致知行云々、祝着喜悦千万也、旧好異于他、御領之間事更自愛無極、敕書·御内書御返事則申、三条御剣一持参、殊更又練貫一重·杉原十貼給之、一献畢退出、禁裏長講堂領·法金剛院領·丹州山国庄灰形·濃州多芸御月宛·出雲国横田庄等被進云々、入江殿高椋郷被進之、旧院御讓状女院へ水金役·大性院御比丘尼御所出雲横田庄被進、雖然室町殿不被計申、禁裏被進云々"。贞成亲王得到后花园天皇的敕书以及室町殿的御内书，所领得到安堵，"祝着喜悦千万也"。

另外，尽管所领得到安堵，但也存在公家所领被足利义持、足利义教没收的情况。如《看闻日记》中永享二年（1430 年）十一月九日条，"益長朝臣指燭参之時一咲云々、仍室町殿咲申之由被仰腹立、所領二所被召放云々、忽失面目令籠居、誠咲申尾籠、不思儀也"。室町殿仅仅因为益长朝臣在秉烛之时蜡烛被吹灭而没收其两处所领，由此可以看出，所领的没收较为随意，仅仅因为"龙颜"不

---

① 摄关家的家领被称为渡领。
② 庄园领主与地头把庄园折半，各自行使所有权，互不干涉。

悦而被没收。中世武家法、公家法、先例、寺社条例等横行，由此可以推测，安堵并非依据严格的法律程序而进行，随意性较强。正因为其有一定的不确定性，人为因素较多，所以围绕安堵需要进行功利性的赠予。在本章中笔者通过分析贞成亲王与后小松上皇、室町殿，寺家、近臣、被官与贞成亲王之间的安堵行为，阐明中世功利性场合中的赠答模式。

第一节　近臣的赠予

围绕安堵，近臣向贞成亲王赠送的礼物是垂木、剑以及折纸等（见表 7 - 1）。

表 7 - 1　贞成亲王与近臣之间的赠答

时间	事项	物品
应永三十二年（1425年）十二月二十六日	抑仙洞右衞門督局榑等種々献之、不思寄為悦、是園光院遺跡比地御祈三年之間閣之、其礼被進之、則賞翫	垂木
永享三年（1431年）二月二十七日	庭田重有①に伏見奉行職を安堵、御劍献之、	劍
永享四年（1432年）九月二十三日	抑十地院領華田庄之内所職事、自椎野殿有御口入、望申者以往之本之云々、鳴竜殿被申之処、可相計之由奉之間、御口入就難去、今日給安堵了、其礼一献分三百疋・榑・松茸等進之	一献分三百匹、垂木、松茸
永享八年（1436年）二月二十五日	崇光院御時田向為御恩拝領了、旧領再安堵、恩賜之至殊悦入之由申、御劍進之	劍
五月一日	定直敷地拝領御礼御劍進、祐全敷地拝領御礼榑献之	劍
五月十三日	一慶西堂参、旧院敷地亭一宇残被所望申之間遣之、其礼絵二幅・料紙献之	其礼绘二幅、料纸三百疋

续表

时间	事项	物品
十一月一日	夜資親参、御劍一献之、対面、所領拝領進退安堵之礼参云々	劍

注：①贞成亲王的次子贞常亲王的岳父。

笔者并没有发现关于垂木作为礼物的先行研究，故推测，室町时代，建筑多以木材建筑为主，房屋破损维修时需要垂木这类木材，因此垂木具有一定的实用性，作为赠品在关系较为亲近的人之间使用。

关于剑这一赠品的意义，如前所述，在室町时代，武士的武器以刀为主，剑逐渐失去了作为武器的作用，但其象征意义并没有消失，依然是象征公家集团权威的赠品，因此多见于下位者对上位者的赠予。

第二节　寺家的赠予

寺家赠送的礼物以茶为主，关于这其中的缘由，一方面，日本的留学僧人将茶从中国引入日本，僧人掌握种茶的先进技术后在寺院广为种植，因此茶是符合寺社僧人身份的礼物；另一方面，室町时代在公家集团中流行各种茶会，贞成亲王一族的茶会名标青史①，如《看闻日记》中应永二十五年（1418 年）二月二日条，"有茶会、予先日令張行為順事、三位・禅啓・広時申沙汰也、先一献、次回茶七所、懸物聊有風流、椎野一矢数恩賞等両種取之、自余七所勝負、或落孔子等、面々取之、一咲無極、一献数巡、終日催興而已、人数如先日"。贞成亲王在御所举行顺事茶会，三位、禅启、广时进

---

① 横井清：《室町時代の一皇族の生涯——〈看聞日記〉の世界》，講談社，2002 年，第255 頁。

行评判，众人先酌酒一杯，然后回茶（即茶碗从一人手中转到另外一人手中），七人之后决定胜负，最后椎野荣膺第一名，获两种奖品，其他人通过抽签获得奖品，之后众人推杯换盏，尽欢而散（见表7－2）。

表7－2　贞成亲王与寺家之间的赠答

时间	事项	物品
应永二十五年（1418年）四月二十九日	永円寺長老参、巻数・茶廿代献之、対面、武蔵堀池年贡、永円寺寄付之間、長老入院之後毎度申其礼也、圣棟庵参来、一献持参、是庵領等事、日野一品依口入賜安堵了、其礼被参	茶
六月十七日	母尾経増参、一献分持参、是有所望事、備中大島保四分一事、播州飾万津別府相伝之地也、文書等入見参可被返付之由申、於大島保者、経時朝臣可一円知行之被下安堵了、飾万津事	一献
九月十七日	母尾経増申、播州飾万津別府代官職望申、課役参百疋可致沙汰之由申、无左右請文進之、課役乏少之間可加増之由令申、請文返遣了、茶卅代、土饶等献之、女中・重有・長資等朝臣行蔵庵行、先日还礼張行云々	茶三十代、土饶
应永三十二年（1425年）八月二十八日	抑善理申下司名田地一反事、賜安堵之処、本主観勝寺就畠山大夫入道嘆申間、自彼被口入、善理無力観勝寺去渡云々、仍自寺家申安堵、只今観勝寺申、則返付之由賜安堵了、其礼手本一卷献之、此宸筆未見及之間殊為悦、殊勝御笔也、此外一献分極代、献之、神妙也	宸笔
永享四年（1432年）八月二十一日	珉書記参来、对面、播州住吉下保文書一卷賜之、是予由緒之地也、而文書被進之条、芳志之至喜悦也、笔一里持参為悦	笔一里
八月二十二日	抑筑紫宮僧去夏初对面申、其礼折紙二千疋、但未到、被進、其后九州下向本領安堵云々、今日其礼物被進、約束不違之条懇懃之至为悦	礼折纸二千疋

续表

时间	事项	物品
十一月九日	法安寺参、葉茶壺一持参、可進上之由被申、是寺家秘藏名壺也、而被進、不思寄之間、可返之由再三雖令申、以誓文被進置、仍先預置、寺家之訴訟金松名事未落居之間、頻被申安堵可為上載之間、無左右不相計、さ様之礼ニ被進、痛入者也、静可返遣也	寺家秘藏名壺

资料来源：宫内厅书陵部编《看闻日记一》卷4，《看闻日记三》卷11，《看闻日记四》卷16，明治书院，2012。

茶是符合寺家身份的礼物，除了安堵之外，寺院住持在新上任时也多赠送茶。如永享三年（1431年）四月十日条，"戒光寺新命参、茶卅代·杉原十帖持参、仍香箱一·羅茶百斤賜之"，永享五年（1433年）七月二十三日条，"泉涌寺新命参、对面、茶卅袋·杉原一束持参"。在进献贺礼等场合，寺社僧人也多使用茶，如永享七年（1435年）十二月二十六日条，"早旦昨日渡御千秋万岁祝着之旨申、御贈物進之、（略）西芳寺坊主·退藏庵·法安寺茶卅袋献之、妙観院·智恩院·安楽光院茶卅袋献之、永元寺茶卅持参"。

同时公家集团经常举行各种茶会，顺事茶、回茶、斗茶等，虽然此时的茶会还没有发展为茶道，但茶会作为公家集团一种重要的游戏形式受到推崇，因此茶既是符合寺院僧人身份的送礼佳品，对于公家集团也是极为实用的物品。

应永三十二年（1425年）八月二十八日条，"抑善理申下司名田地一反事、賜安堵之处、本主観勝寺就畠山大夫入道嘆申間、自彼被口入、善理無力観勝寺去渡云々、仍自寺家申安堵、只今観勝寺参申、則返付之由賜安堵了、其礼手本一卷献之、此宸筆未見及之間殊為悦、殊勝御筆也、此外一献分、献之、神妙也"。

欢胜寺与田山氏发生土地纠纷，通过伏见御香宫的神主三木善理这一问题得到妥善解决，劝胜寺向贞成亲王献上"宸翰消息"①，贞成亲王初见高仓院的宸笔，极为满意。劝胜寺之所以赠送宸笔是因为从平安时代开始人们争相购买名家手迹，例如，书法家藤原定信在保延六年（1140 年）从女商人手中购买自家先祖藤原行成的手迹《白乐天诗卷》与小野道风的手迹《屏风土代》，这种购买名家手迹的行为在公家集团中比较流行，进入室町时代，古笔作为赠品受到公家贵族的喜爱。②

这种赠礼体现了公家集团的文化素养，如应永三十年（1423年）二月五日条，"行豊朝臣相伝手本数卷持参、入见参、賢聖障子絵图、銘行俊卿書之、今在内裏殊勝也、又巨文字、等披見養眼、此還礼所持手本・取出令見之"。行丰朝臣前往贞成亲王处，让贞成亲王欣赏贤圣障子③图，此图为铭行俊卿所画，作为还礼，贞成亲王让行丰朝臣欣赏伏见辰笔等。

除此之外，永享四年（1432 年）十一月九日条，"法安寺参、葉茶壺真壺茶納、一持参、可進之由被申、是寺家秘藏名壺也、而被進、不思寄之間、可返之由再三雖令申、以誓文被進置、仍先預置、寺家之訴訟金松名事未落居之間、頻被申安堵為上載之間、無左右不相計、さ样之礼二被進、痛入者也、静可返遣也"。法安寺携寺家名壶参拜，对于这一礼物贞成亲王感到匪夷所思，再三命令其将礼物带回，法安寺因为金松名安堵一事赠送此礼物，并且要求暂且放置，贞成亲王认为虽被频频要求安堵，但在尚未确定之际接受此礼不妥，遂决定过一段时间再将此礼物返回。由此可以看出，上位者"无功不受禄"，并非无缘无故地接受赠予，若无正当理由也会拒绝下位者的赠予。

---

① 天皇的真迹。
② 川嶋将生：《室町文化論考》，法政大学出版局，2008 年，第 63 頁。
③ 内里紫宸殿与北厢房之间的拉门。

第三节　地下众的赠予

围绕安堵，地下众小川禅光、三木善理主要赠送一献、折纸、松茸等日常生活中较为常见的物品。这是因为，地下众与贞成亲王结成御恩奉公关系，下位者对于上位者的回报或义务是持久的，所以这一场合的赠予可以是象征性的，与近臣的赠予类似（见表7-3）。

表7-3　地下众的赠予

时间	事项	物品
应永二十四年（1417年）二月一日	禅光小一献進上、旧冬等御恩拝領、其御礼云々、一献之間有朗詠、禅光召御前	一献
六月二十一日	善理没落之上者、被下安堵、退蔵庵可契約之由申、自元相伝理运之上者、不可有子細歟、且退蔵令契約者地下無為之基也、仍女房奉書賜之、三位書下同賜了、殊畏申、沙汰人一献進上申、地下無為賀酒云々	一献
六月二十九日	三木善理等此間押領之間、如元可被下安堵之由、禅啓以下所望申、仍賜安堵了、其礼面々一献進上	一献
永享四年（1432年）九月二十三日	抑十地院領華田庄之内田所職事、自椎野殿有御口入、望申者以往之本主云々、鳴滝殿被申之処、可相計之由奉之間、御口入就難去、今日給安堵了、其礼一献分・棰・松茸等進之、仙洞勅報御手本不可有子細云々	一献分、垂木、松茸
永享八年（1436年）五月一日	定直敷地拝領御礼御剣進、祐全敷地拝領御礼棰献之	垂木
永享九年（1437年）四月十六日	宝泉子顕慶参、可被下安堵之由申、折紙・棰等持参、南御方へも折紙献之	折纸、垂木

资料来源：宫内厅书陵部编《看闻日记一》卷3、卷4，《看闻日记三》卷14，《看闻日记五》卷26，《看闻日记六》卷29，明治书院，2012。

在寺家、近臣以及地下众赠送的礼物中均出现折纸这一礼物，笔者首先依据樱井英治的《赠予的历史学：礼仪与经济之间》对折纸进行简要说明。

在室町时代，人们赠送金钱的时候，并不是马上赠予现金，而是先赠送写明金额的折纸，之后在几天之内再将现金兑现。对方收到现金之后，会将折纸还给赠予者。[①]

折纸的格式比较固定，例如，进上　五百匹　贤长，匹本来是绢的长度单位，而绢曾作为货币被使用，从 12～13 世纪，绢逐渐被钱所取代，因此，匹这一绢的单位也变为钱的单位，在赠答这种仪礼性场合不使用"文""贯"而是使用匹作为钱的单位。室町时代，人们在赠答中频繁地利用折纸，这是因为利用折纸进行赠予有以下几个优点。

第一个优点是不需要准备资金即可赠予。中世人们从年初到岁末一年都在进行各种形式、各种名目的赠答，这其中有仪式性的赠答，也有生孩子、盖房子等临时性的赠答。每次都在固定日期赠送礼品，在不确定的送礼之前准备大量的礼金是极为困难的，特别是对于来自庄园、所领的收入日益减少的皇族、贵族来说更是如此。而折纸这一形式的赠答给他们提供了缓冲期，因为如果不能准备好现金，暂且赠送折纸也可以缓解危机。

第二个优点是不会出现赠送徒然的情况。中世的赠予经常是委托或贿赂。如果赠予现金但是受赠者没有办理相应的事情，这对于赠予者来说是一种损失，使用折纸则可以打消赠予者的这一顾虑，若受赠者没有办理则可以不兑现折纸。

第三个优点是折纸可以相互抵消。《满济准后日记》永享四年（1432 年）四月十七日条，三宝院满济从将军足利义教的正室三条尹子处得到三千匹折纸，但是四天以后的四月二十一日，作为还礼，满济送给尹子三千匹折纸，虽然满济并没有明确记载两种赠予相互

---

① 桜井英治:《贈与の歴史学　儀礼と経済のあいだ》，中央公論新社，2011 年，第 143 頁。

抵消，但是可以认为折纸是可以相互抵消的，而之所以不明确记载是因为这是一种心照不宣的行为。

从第四代将军足利义持开始，使用折纸的情况逐渐增加，从第六代将军足利义教开始折纸的赠予开始行无所忌。在传统节日及其他各种场合，人们开始赠予将军折纸，折纸对于幕府来说是重要的财政来源，幕府设置了"折纸奉行"这一专门掌管折纸的职位。在中世的日记中可以看到很多将折纸利用到财政方面的例子。1432 年七月足利义教为庆祝成为内大臣而举行宴会，举行宴会的费用主要由僧俗进奉的折纸抵充。另外，如果没有及时兑现折纸就会遭到对方的催促。《看闻日记》永享十年（1438 年）三月五日条，"抑公方御折紙御催促之間、南御方行幸之時、公方上樣五千疋西雲被進之間、右京返事、行幸之時御折紙不知也"；三月十六日条，"抑公方御折紙未進、以奉行大和守御催促、計會無極"，贞成亲王被室町殿催促及时兑现折纸。

樱井英治指出，折纸到底能在多大程度上充实幕府的财政是值得怀疑的，虽然折纸是一种定型化的赠予方式，是适合让渡和流通的，但是折纸并没有在很多人中间流通，也没有发生由于折纸未被兑现而进行诉讼的事情。因此，折纸始终停留在仪礼的范围之内，仅作为延期支付的工具而被使用。

到了 15 世纪末期，室町幕府对于折纸这一体制的信赖开始动摇。兑换折纸的间隔由几天发展到几个月甚至几年，如永享四年（1432 年）二月十一日条，"去月室町殿参賀之時、上樣進物折紙二千疋、以国衙要脚勸修寺仰付之処、于今遲々、今日到来云々、仍三条送遣了"，兑现折纸的间隔越来越长，最终足利义政的正室日野富子忍无可忍，发出命令，"禁止赠送折纸，必须赠送现金"。尽管折纸有种种优点，但折纸这一体制仅持续了一百年左右，即 15 世纪。虽然现代社会日本人在"结纳"等喜庆场合赠送物品时要赠送一张写着物品明细的目录——折纸，但是折纸作为现金交换的一种保证在中世就已经结束，进入 16 世纪几乎看不到这种赠予形式。[①]

上述是樱井英治关于折纸的论述，尽管极为周详但有一点樱井并没有明确提及，即虽然上位者对下位者、下位者对上位者都使用折纸，但是下位者使用的情况较多，上位者使用的情况较少。例如，《看闻日记》中大部分是下位者使用折纸，永享二年（1430 年）十二月十八日条，"入江殿・西雲庵・慶雲庵・東御寮・如浄房等入来、御宮筒有一献、青雲庵折紙別而進之、今度置物菓子折三合入江殿御助成賜之"。也正是因为上位者、下位者使用的频率极不对称，对于幕府来说极为不利，幕府才将折纸这一赠予形式废除。

第四节　贞成亲王一族向后小松上皇的赠予

应永二十三年（1416 年）六月二十四日，荣仁亲王为了向后小松上皇确认自己所领一事而向后小松上皇赠送"柯亭"这一名笛，荣仁亲王向周围的人询问意见，"若赠送名笛妥否"，众说纷纭，但是大多数人都认为将如此贵重的礼物送给后小松上皇，所领问题应该可以顺利得到解决。荣仁亲王终于下定决心送出名笛。六月二十四日在送出名笛之前，又请源宰相（绫小路）信俊吹奏一曲，当演奏五常乐急、天平乐急等曲目时，在座者无不感动落泪，贞成亲王心中不停地祈祷何时与名笛再次相会。六月二十五日，名笛送到后小松上皇的御所，后小松上皇表示"久闻此名笛，收获至喜，无法让与他人之宝送及我处，可见荣仁之心"，并同意尽快做出答复。后小松上皇于同月三十日答复，绫小路携带的书信中写道，"所领安堵无异议"。贞成亲王极为欣喜，第二天，急忙请胜阿制作室町院领目

---

① 桜井英治：《贈与の歴史学　儀礼と経済のあいだ》，中央公論社，2011 年，第 143 ~ 164 頁。

录，只要将此提交给后小松上皇，后小松上皇即可发放贞成亲王期
盼已久的所领安堵院宣。这一名笛打动了后小松上皇，安堵问题得
以顺利解决。同样应永二十四年也出现了类似的情况。贞成亲王因
为安堵一事向后小松上皇赠送礼物，荣仁亲王在世时后小松上皇频
频希望得到梨花筝，贞成亲王认为此代无可进之物，遂将此梨花筝
修理后送给后小松上皇，最后，在四月二十三日从后小松上皇处得
到安堵（见表7-4）。

表7-4 贞成亲王一族的赠予

时间	事 项
应永二十三年（1416年）六月二十四日	源宰相参、長階局有被仰事、其御返事为申参、此事御所様御老病之間、始終御領等安堵事、去春以永基仙洞被申了、然而無御返事、就是有御思案、御笛天下名物至極重宝也、自崇光院御相伝、年来雖有御密蔵、仙洞被進之、御安堵事可被申賦否、人々被尋仰、意見区也、然而重宝被進之者、御安堵定不可有子細賦之由申、意見多之間治定了、就其左府为御使仙洞可被持参之由、以源宰相御談合之处、難治之由被故障申、仍勾当内侍被仰之处、無子細有領状、以御書被進之、委細事勾当可披露之由被仰、四絃道事、始終断絶無念之間、秘曲事両御方可被授置之由御書被載之、予为不堪之身、達天聴之条、一喜一懼、弥雖有稽古之志、天性不堪無力事也、名器多年御秘蔵之处、可成他物之条、云無念、云余波、旁以催悲涙者也、且名残惜源宰相被吹、五常楽急・太平楽急等吹之、御聴聞公私落涙了、願以妙音天冥慮再会、心中祈念而已、源宰相御器・御書等賜之退出、明日長階局可持参之由申
六月二十六日	抑名笛昨日仙洞勾当被入見参、委細被披露申、此笛年来被聞食及、床敷被思食之处、被進之条御悦喜無極、何之御方不被讓与申、被進置之条殊以御本意之由被仰、時宜快然之間、則御安堵事并愚身事等委細被申之間、種々懇懃有仰事、今日御返事可被申之由、勾当以状申
应永二十四年（1417年）四月三日	梨花筝累代器也、甲花梨木也、散々破損、竜角落失了、大通院御時仙洞可被入見参之由、内々被申了、然而兎角懈怠不被進之、今吾代初無可進之物、仍此器重宝珍物之間、可進之由相存、破損处共以脥革付之拭認、前宰相令奉行

资料来源：宫内厅书陵部编《看闻日记一》卷2、卷3，明治书院，2012。

贞成亲王之所以将名笛、梨花筝送给后小松上皇，首先是因为这两种乐器是符合贞成亲王一族身份的。在公家集团，贞成亲王一族将"乐"作为安身立命之本，荣仁是当代一流的音乐家，特别擅长弹琵琶，治仁与贞成也不可小觑，自崇光院以来，这一族受到音乐的熏陶，近臣中间也有很多在音乐方面极有造诣。[①] 从《看闻日记》中可以看到贞成亲王热衷于举行各种形式的乐会，如应永二十四年（1417 年）六月三日条，"前宰相参、良久不参、珍敷为悦、则有楽、黄鐘調曲七・朗詠等有之、長資朝臣笙、楽了有盃酌"；六月四日条，"早旦有楽、大食調楽七・朗詠二首、前宰相・長資朝臣候、抑王余魚御笛名物御秘蔵器也、源宰相私器有所持、有子細暂可申預之由申、雖無心預遣了"；六月五日条，"早旦有楽、高麗曲七令吹、（略）晚又有楽、磐涉調月五・朗詠、長資朝臣候、楽了源宰相小一献申沙汰"；六月六日条，"早旦一越調曲五・朗詠等有之、乐了前宰相退出"。除了雅乐之外，还举行猿乐等俗乐的乐会，如应永二十九年（1422 年）正月十一日条，"猿楽以下如例、賜榼則飲之、乱舞如例、禄物等賜之、前源宰相・隆富参賀、各一献持参如例年、女中・典侍局・宰相・重有朝臣等一献各献之"。

贞成亲王一族的日常生活中歌舞升平成为一种常态，因此，在这种情况下，将从崇光院开始代代相传的宝物名笛送给他人，这其中的依恋与不舍是可以想象的。但是为了确保自己的所领，荣仁亲王不得已将这一代表贞成亲王一族身份的传世之宝送给后小松上皇，也正因为宝物的稀缺性，贞成亲王将名笛送给后小松上皇之后，得到后小松上皇的欢心，"御悦喜无申计"，最终从后小松上皇处得到安堵。

另外，在《看闻日记》中也可以发现后小松上皇经常举行猿乐、

---

① 横井清：《室町時代の一皇族の生涯——〈看聞日記〉の世界》，講談社 2002 年版，第 125 頁。

雅乐、舞蹈等活动。如应永二十六年（1419 年）二月十四日条，"仙洞有猿楽、自夕方至晓更、十四五番仕、梅若禄物三千疋被下云々"；正长二年八月二十五日条，"仙洞有舞御覧、室町殿被参、室町殿万疋持参、室町殿御引物、平鞘御剑一作·御马一疋·花瓶一·盆一·四幅一対唐绘·盆一、摄政引物、马一疋·白太刀一、三宝院唐物種々被下云々"。

后小松上皇也是各种乐会的积极举办者，在后小松上皇举行的猿乐仪式上，公家、寺家、武家会持重宝参加，可见仪式非同小可。因此，贞成亲王的赠品既符合自己的身份地位又投其所好，得到后小松上皇的认可，从后小松上皇处顺利得到安堵。

第五节　贞成亲王向室町殿的赠予

同样在向室町殿确认安堵一事上，贞成亲王也是殚思竭虑，应永二十四年（1417 年）四月二十八日，他向大光明寺询问应赠送室町殿何种礼物，此时也是众说纷纭，最终确定赠送的礼物为：石带（巡方）青琉璃、歌合一卷、御手本一卷。石带是贞成亲王一直以来珍藏的宝物，关于这条石带的佩戴场合近臣各执一词，有人认为是节会时次将所佩，有人认为是庆祝仪式上，天皇身着帛服时佩戴。前几年足利义满光临伏见殿时，近臣建议将此石带送给足利义满，于是贞成亲王请实继在石带上重新装饰银制饰品，但是后来近臣意见相左，就暂且作罢，这次贞成亲王将石带送给足利义持，不禁感叹"此石带与室町殿有缘，由吾代赠予，不可思议也"。五月二日室町殿收到礼物后，表示对于得到重宝极为高兴，特别是对石带颇为中意，五月十二日贞成亲王从室町殿处得到安堵（见表 7-5）。

表7-5 贞成亲王向室町殿的赠予

时间	事 项
应永二十三年（1416年）十二月二十六日	三位出京、鹿苑院为御使参、御遗迹事、室町殿被可申沙汰之由被仰、御遗物两種被遣之、不动一幅、瑠璃花瓶香台居、此等三品令持参
应永二十四年（1417年）三月二十四日	御遗迹事、室町殿可得其意之由令申、将又鹿苑院受衣事申、就其两種遣之、砚箱一、近思禄五卷、遣之、此书可然歟否、藏光庵谈合之处、俗书大意僧中肝要书也云々、仍遣了
四月二十八日	大光明寺预置文书櫃数合召寄、室町殿累代御物被进可然之由、面々意见之间撰间之、石带·御手本一卷、撰出了
五月二日	三位出京、鹿苑院為使参室町殿進物御手本一卷·歌合一卷·巡方带副愚状鹿苑院遣之、抑此带細々不用者也、或記云、節会时次将用之云々、或節御賀时用之、又帛御服之时主上着御云々、先年故北山殿伏見殿初参之时、御引物可被進之由有沙汰、三条故内府令奉行、带床金物被新調畢、而異議出来不被進于今、箱底秘蔵而珍物之间、只今献之、彼方有御緣歟、当吾代進之
五月十二日	鹿苑院主对面被申、去四日進物室町殿持参入見参了、石带殊被自爱、重宝之间悦喜之由被申、此带白陆一条、被見之記録引勘可申之由被申云々、将又安堵事以次披露申、此事仙洞可申入也云々、長老被重申、伏見事為御計被進之上者、可被進御安堵歟之由被申、又返答、播磨国衙事、仙洞可执奏之由被申

资料来源：宫内厅书陵部编《看闻日记一》卷2、卷3，明治书院，2012。

为何在贞成亲王赠送的石带、《诗》、歌合一卷、砚箱、琉璃花瓶等礼物中，室町殿唯独对于石带情有独钟呢？首先，关于石带笔者做一简单介绍。石带指装饰玉、石、角等物品的黑色皮带，也被称为玉带，《和名抄》中记载，"根据石带上的不同饰物可分为白玉带、隐文带、玛瑙带、纪伊石带、出云石带、越石带、斑犀带等"。日本古代对于皮带的使用有严格的规定，如《延喜弹正台式》中规定，"位阶在三位以上及四位的参议佩戴白玉腰带。玳瑁、玛瑙、斑犀、象牙、沙鱼皮、紫檀为五位使用，参议以上佩戴纪伊石样式的定摺石带，五位以上佩戴金银石带以及唐带。六位以上佩戴白色发光的纪伊石带。六位以下佩戴乌犀石带"。石带上一般有十几个角、石、玉，用白色的线缝制成十字形。若角、石、玉成方形则称为巡方，圆形则为丸鞆，并且分为有纹石带、无纹石带，有纹石带为绘有鬼、狮子、唐花、唐草、唐鸟、蛮绘等花纹的石带，也被称为隐纹石带。佩戴者根据不同的场合使用不同种类的皮带，天皇参加宗教仪式时身着帛服，佩戴无纹巡方石带，公卿在节日行幸时佩戴有纹巡方石带，公卿平时佩戴无纹的丸鞆石带，巡方丸鞆混合的石带被称为通用石带，在重要的场合和平时都可以佩戴。石带上的玉以及石头是极为珍贵的，若为世代相传之物，则被称为传世之带而受到珍视。①

　　石带是公家权力的象征，公家集团对于不同身份者所佩戴的石带有严格的规定。而室町殿作为武家集团的最高权力者，为何对于表明公家身份的石带这一权威性的赠品极为中意呢？这与室町幕府的性质有一定关系。一直以来，武家集团虽然掌握政治、军事实力，但是其统治的正统性却需要从天皇处得到认可，室町幕府为了使幕府-守护体制这一权力构造更加稳固，通过"公家化"而使自己区别于守护。室町幕府采取的方法是与公家积极交往，以公家的身份行动，在警卫、守护这一明确身份地位的可视化空间中利用朝廷礼仪。中世后期的室町殿虽然属于武家，但是其以公家身份活动，这是镰仓、江户前后武家政权中所没有的、室町时代特有的现象。② 佐藤进一认为足利义满的"王权吸收"的最终阶段即室町殿的"公家化"，即足利义满在吸收世俗诸权限的基础上，也吸收传统公家社会的权威，最终确定"日本国王"这一王权。③ 正因为足利义满积极

---

① 石村贞吉：《有職故実》（下），講談社，2012 年，第 54 頁。

② https://kaken.nii.ac.jp/pdf/2011/seika/C-19/14401/22820038seika.pdf#search='%E5%85%AC%E5%AE%B6%E7%A4%BE%E4%BC%9A%E3%81%AE%E4%B8%80%E5%93%A1'.

③ 久水俊和：《室町記の朝廷公事と公武関係》，岩田書院，2011 年，第 12 頁。

地公家化，所以才导致室町时代出现很多叛乱。

室町幕府与镰仓幕府不同，源赖朝将幕府的中心设置在镰仓，远离皇室的中心京都，而室町幕府将中心设置在京都，通过公家化而使自己的政权具有正统性。例如，永享七年（1435 年）八月二十七日条，"源宰相为御使三条行、公方進状、此間之御礼申、玉葉集正本一合、進之、此集伏見院以来相伝秘蔵、雖然今度之儀厚恩為謝申為之、風雅集正本、先年大通院御時、鹿苑院殿被進訖、于今有御所持云々、但手箱粉失云々、無念也、両代集相伝雖秘蔵皆進入了"。为了感谢室町殿的安堵，贞成亲王赠送了玉叶集等，荣仁亲王在世时，足利义满即希望得到此集，因为室町殿是公家文化的拥趸者，为了投其所好，贞成亲王赠送了伏见院世代相传的玉叶集。室町殿对于这一象征权威的赠品喜爱有加，而贞成亲王"洞察秋毫"，投其所好，最终顺利地得到安堵。

第六节　小结

室町时代，公家法、武家法以及各种家法、先例混乱，战乱导致所领被他人占领的情况频发，因此，人们无法依靠当时的法律确保土地的所有权，而只能求助于掌握权力的室町殿、后小松上皇等权力者。通过分析可以发现围绕安堵针对不同的人赠答的物品是不同的，其中御恩奉公关系是一个重要的考察因素。

御恩与奉公是中世构成武士主从关系的要素。这种主从关系绝不是单方向的，双方基于互惠关系而成立。主人给予从者的利益被称为御恩，从者给予主人的利益被称为奉公。从平安时代中期到后期，武士阶层逐渐形成"御恩与奉公"的关系，这一关系在镰仓幕府时期继续发挥作用，并被室町幕府和江户幕府继承。御恩的具体内容包括主人保证从者的所领支配，或者给予新的土地，前者被称为本领安堵，后者叫作新恩给予。奉公的具体内容是从者对于主人负担军役和财政支出。御恩与奉公是一种互惠关系。①

通过对御恩与奉公关系的进一步分析可以发现，寺家、近臣及被官与贞成亲王缔结为御恩奉公的关系，或者说构成一种庇护关系，所以，尽管安堵类似于现代社会的贿赂，但是寺家、近臣及被官赠送的礼物是日常生活中比较常见的礼物，茶是符合寺家身份的赠品，同时对于公家集团也是较为实用的物品；垂木是一种建材，具有一定的实用性；剑尽管具有象征含义，代表着公家集团的权威，但并非贵重之物；折纸也是当时比较普遍的赠予方式。

贞成亲王与后小松上皇因为没有缔结成御恩与奉公的关系，所以贞成亲王不得不在此事上深思熟虑，赠送后小松上皇名笛、梨花筝等祖传之宝，尽管将祖传之宝赠予他人对于贞成亲王来说痛心疾首，但正因为宝物的分量之高，贞成亲王才能得以从后小松上皇处顺利得到安堵。这一礼物是符合贞成亲王身份的礼物，同时也颇得后小松上皇欢心。同样，对于赠予室町殿的礼物贞成亲王也是绞尽脑汁，贞成亲王鉴于室町殿积极进行"公家化"而赠予其憧憬的象征公家身份的石带，也正因为石带符合室町殿的心意，贞成亲王才顺利地得到安堵。对于生活在中世的人来说，能否得到权力者的安堵关系到今后的生活能否维系，因此为了能够顺利得到安堵赠予者需要在赠予时"处心积虑"，投其所好。

在赠送的礼物中，笔者重点考察了折纸，首先，日本的折纸始终属于赠予行为，当折纸使用范围日趋扩大之际，幕府立即将这种赠予形式废除。其次，在室町时代，除了上位者对于下位者使用这一赠予形式之外，下位者对于上位者也采取这一赠予形式，并且下位者采用这一形式的情况较多。

---

① https://ja. wikipedia. org/wiki/%E5%BE%A1%E6%81%A9%E3%81%A8%E5%A5%89 E5%85%AC.

综上所述，可以发现围绕安堵所进行的功利性赠予是一种贿赂行为、潜规则，人们需要深思熟虑，在不同的场合针对不同的人赠送不同的礼物。尽管这种赠予属于功利性的赠予，但这种赠予并非无原则、毫无章法，而是有规律可循的。正如樱井英治所说，"中世从现代人的角度来看是一个非常奇妙的时代，尽管以赠答为主的各种令人窒息的仪礼、仪式渗透生活的各个领域，但是看一下各种仪式的内涵就会发现其非常合理地被维系着"。[①] 即使是不合理的事情，也通过合理的形式所维系，这正是日本人功利性赠予的巧妙之处。

---

① 桜井英治:《贈与の歷史学 儀礼と経済のあいだ》，中央公論新社，2011 年，第 157 頁。

第八章

结论与启示

第一节　本书的结论

在本书中，笔者以《看闻日记》《满济准后日记》为例分别考察了不同圈层在仪式性场合、非仪式性场合中的赠答模式，其中仪式性场合包括传统节日、人生礼仪以及宴会、行幸；非仪式性场合包括日常交往、援助性场合以及功利性场合。以心理文化学作为理论工具分析后可以发现，不同圈层遵循的赠答模式如下。

首先，贞成亲王与近臣同属于公家集团，有一定的连带关系，感情亲密，因此，属于拟血缘圈层。拟血缘圈层的赠答特征为：在八朔的赠答中，赠送、回赠的礼物并不贵重，赠礼与答礼的时间节点也不固定；在日常交往的赠答中，相互分享食物，食物的赠答起到加深感情、增强凝聚力的作用；在生病、发生火灾等场合，既存在上对下的援助，也存在下对上的支援，援助的物品实用性较强，体现了集团内部的和意识；围绕"安堵"的赠答，尽管事关重大，但是礼物并不贵重，赠答遵循娇宠法则。可以看出拟血缘圈层之间赠答的时间、礼物随意，赠答更多起到的是加深感情、体现连带感的作用。

但是值得注意的是，贞成亲王与近臣之间的关系并不完全等同于心理文化学所说的娇宠关系，心理文化学指出"可以撒娇的关系是一种高度情感性的关系，它不是为了某种利益而缔结的功能性、计算性的交换关系，是一种带有地位差的、可以相互依赖、相互信赖的人之间的关系"。贞成亲王与近臣之间并非无功利性、无计算性，其中也存在御恩奉公这种功利性的交换关系，尽管贞成亲王与近臣之间的关系较其他圈层亲密，但是双方都是各取所需。近臣希望在秩序混乱、私法猖獗的社会，通过缔结御恩奉公的关系而得到贞成亲王的庇护，贞成亲王则希望得到近臣的臣服与支持，这些都表明贞成亲王与近臣圈层之间的赠答并非纯感情性的，目的性的一面也不可忽视，但总体上可以认为二者之间的赠答遵循"娇宠法则"。

另外，文化心理学认为，如果说交换价值代表人的理性的一面，那么，意义价值代表的是人的情感一面，二者结合起来才构成完整意义上的交换。价值转换的第一层含义是交换价值和情感价值的转换。人的存在本是一种"场"，财务、服务、信息、劳动、荣誉、名声和社会地位等通过交换在这个"场"中流动。人与人之间的物质交换可以转化为物与情感之间的交换，譬如，用钱或物换取对方的服从、忠诚、爱情、崇拜等。人际交往一般不是在同一层次的使用价值交换上就能顺利地实现平衡，往往需要经过多层次价值转换才能实现。因此，如果将贞成亲王与近臣之间的赠答进行转换的话，可以将二者的交换看作交换价值与情感价值的转换，贞成亲王提供保护，近臣以服从、忠诚等作为回报，经过多次转换二者的交换实现平衡。

其次，寺家对于贞成亲王而言属于朋友圈层，贞成亲王与寺家之间的赠答可以看作基于义理原则的赠答。义理是一个人对另一个人的义务，有时义理并不是出自主观上的意愿，带有"使行为者不得不如此的制裁和强制力量的社会规范和习俗"意义。贞成亲王与寺家同属贵族阶层，某些寺家是贞成亲王一族的菩提寺，二者之间具有一定的渊源，因此贞成亲王与寺家在一定的场合下基于义理原则进行赠答，这种赠答多半是出于义务。在日常性场合的赠答中贞成亲王与近臣之间会有相互分享的情况，援助性场合中，当贞成亲王举行重要仪式时，近臣纷纷进献食物等，积极进行援助，而贞成亲王与寺家之间则看不到如此形式的援助，仅仅是例行公事的赠答。

另外，伙伴圈层是半情感、半计算性的交换关系，这种关系带有一定的持续性。如果进行价值转换的话，属于价值转换的第二层含义，即眼前的价值与未来价值的转换。交换达到平衡所需要的时间是不同的，人们的交换行为存在着时间差。经过眼前价值与未来价值的转换，实现了意义上的大体相等，故交换是平衡的。

最后，对于贞成亲王而言，室町殿、后小松上皇、地下众属于第三个圈层"他人"或"外人"。心理文化学认为，"他人"处于人际关系圈子的最外一层，它既不是人情世界也不是义理世界，而是一个情感最淡薄或根本不需要投注情感的世界。在这个圈子中，交换模式趋于没有情感的物物交换，交换过程趋于同时进行，没有时间差。这是一种计算性、功利性、去情感的交换。笔者多次强调，尽管室町殿对于贞成亲王来说属于他人或外人，但这不是一个不需要投注情感的世界，而是一个需要深思熟虑的世界。因此，在中世的赠答中，他人圈层的赠答是最为复杂的，既分为针对上位者的赠答也分为针对下位者的赠答，针对不同的人需要有所考量。笔者通过分析贞成亲王与他人圈层的赠答发现，虽然双方遵循均衡原则，但是无论是上位者还是下位者都需要审时度势，在赠答中有所甄别，使自己的行为符合社会规范。在八朔的赠答中，贞成亲王、满济在与室町殿赠答时遵循的是相当原则，对于礼物的种类、数量以及赠答的时间有所斟酌，贞成亲王曾因在八朔的赠答中不能向室町殿赠送礼物而懊恼不已，满济也因为礼物的规格不高而招惹室町殿的不满。在与后小松上皇的赠答中，贞成亲王严格按照八朔的礼节赠送，而后小松上皇的回礼经常延迟，尽管后小松上皇作为上位者的回礼延迟，但他会以贵重的宝物消解自己的怠慢，保留了贞成亲王的颜面，而贞成亲王也因为收到宝物而没有怨言，双方遵循了相当原则。在与下位者的赠答中，如果贞成亲王没有赐礼，下位者则会愤然作色，毫不客气，这体现了中世之人的一种"耻意识"。在日常交往的赠答中，贞成亲王与室町殿之间食物赠答的次数极为频繁，远远超过与近臣之间的次数，鉴于食物保存时间短，运输时间长，可以说贞成亲王与室町殿一年之间都在进行食物的赠答，这也表明食物的赠答起到了关系确认的作用。在援助性的赠答中，室町殿的援助行为极少，仅在贞成亲王、满济生活极为困顿之时提供援助，室町殿的援助仅仅是为了保留贞成亲王和满济的颜面，使他们不至于因为生活困顿而颜面扫地。贞成亲王也极少援助地下众，表明双方属于他人圈层，没有援助的义务。而在"安堵"的赠答中，贞成亲王必须要投其所好，才能打动室町殿和后小松上皇。也正因为赠送的礼物都是世代相传的宝物，礼物具有贵重性和稀缺性，贞成亲王才顺利得到"安堵"。因此，贞成亲王在与他人圈层的赠答中要审时度势，这种赠答中除了遵循相当原则之外，还体现了耻意识、赠答的关系确认作用等。

综上所述，可以得出日本的赠答模式是基于相当原则的交换，或者说遵循均衡原理。虽然不同场合存在有赠无答或有答无赠的情况，但是都包含了对于还礼的期待，针对有形的赠礼，其还礼既可以是有形的也可以是无形的，可能是充满感情的，也可能是充满算计性的，可能是义务的，也可能是强制的，但经过价值转换后都可以看作遵循了相当原则。

第二节　中世赠答模式在日本文化及民族性格
方面的普遍意义及当代价值

一　赠答模式在日本文化中的普遍意义及当代价值

（一）赠答模式在日本文化中的普遍意义

对于一个人的行为可以称为习惯，对于一个集团表现的行为我们可以称其为规范，而一个社会通过历史的积淀而表现出的连续性的社会行为，我们可以称其为文化。文化通过行为方式得以体现，受历史传统的影响，文化有其内在的规律，具有连续性、可变性、创新性的特点。

不同社会存在不同的行为规范与仪式，人们通过赠答来践行这些规则。赠答既可以像莫斯所说的"礼物之灵"，带有送出者的某些属性，也可以像布迪厄所说的是一种社会游戏，基本的行为策略[1]，或者也可以像华人学者阎云翔所指出的，社会声望的象征、等级关系建立的载体，在不同的文化情境中其意义有所不同[2]。但正如莫斯所指出的，在礼物交换过程中，道德、声望、政治、经济、货币都可以找到其对应的功能与社会位置，是社会的总体呈现。[3]

在文明社会，虽然政治体制完备，法律制度完善，人们已经不再需要通过赠答来彰显自己的权力与权威，下级对于上级的赠答也不必因为赠答而处心积虑，惴惴不安，更不会出现因为赠答的不妥而被下令剖腹的情况，但是中世的赠答模式仍体现出其文

---

① 〔法〕皮埃尔·布迪厄：《实践感》，蒋梓骅译，译林出版社 2009 年版。
② 〔美〕阎云翔：《礼物的流动——一个中国村庄中的互惠原则与社会网络》，李放春、刘瑜译，上海人民出版社 2000 年版。
③ 〔法〕马塞尔·莫斯：《论馈赠——传统社会的交换形式及其功能》，卢汇译，中央民族大学出版社 2002 年版。

化的普遍意义。

　　首先，赠答文化具有稳定性。在八朔等场合中赠答的礼物是固定的，在食物的赠答中，贞成亲王与室町殿频繁的赠答起到了关系确认的作用，中世赠答的特点之一是礼物的定型化，这免去了赠送者的不安，也可以避免接受者的不满，同时礼物也起到关系确认的作用。H. 摩斯巴赫在《西欧人看到的日本赠答习俗》（1984 年）中，列举了一些日本社会特有的赠答现象，如在西欧，仪礼化、格式化的礼物不受欢迎，而日本人则通过百货商店送海苔等定型化的食品，这是因为，海苔便于赠方选择。在馈赠的行为上，虽然人们考虑得很细致，但最终又必须按不可改动的"型"去办。南博认为人们企图通过依"型"而做来减轻自我不确实感。因为他人和自己的关系经过定期的、定型的仪式得到确认，人们从中得到安心感。[①]而当代日本社会的这种赠答的特点，即礼物的定型化以及关系确认的作用在中世就可以看到，中世的赠答文化与现代社会具有一定的连续性，表现出稳定性的一面。

　　其次，赠答文化具有可变性。在中世可以看到人生礼仪上贞成亲王对室町殿剑的赠答，日常交往中梅花的赠答，这类赠答起到了彰显权力权威以及身份区隔的作用，但是现代社会梅花的赠答已经消失。樱花成为日本的国花之后，"贵族之花"梅花的地位逐渐下降，并逐渐被人淡忘；随着时间的推移，剑的赠答也逐渐消失。人们也不再需要通过礼物彰显权力权威，礼物的这一功能消失。因此，随着时间的推移，赠答表现出可变性的特征。

　　最后，赠答文化具有创造性。对于赠答文化的创造性我们可以以日本独特的情人节为例进行说明。情人节源于西方国家，情人节也叫作"圣瓦伦丁节"，是男性向女性表达爱意的节日，于 20 世

---

① 〔日〕南博：《日本人的心理　日本的自我》，刘延州译，社会科学文献出版社 2014 年版，第 242 页。

70 年代传入日本，日本企业在引入情人节时又创造出 3 月 14 日的
"白色情人节"。"白色情人节"是女性向男性回赠礼物的节日。笔
者认为，在日本之所以会出现白色情人节，是日本特有的赠答文化
在发挥作用，无论赠方为何者，即使是关系亲密之人，也要在一段
时间之后进行回礼，即遵循相当原则，体现了赠答文化强大的创造
性。因此，情人节传入日本之时，赠答文化的相当原则使其改头换
面，成为符合日本行为规范的节日。

（二）　中世赠答模式的当代价值

中世的赠答文化对于我们分析当代日本社会的现象具有一定的
指导意义。在中世基于相当原则的两分法是解决纷争的最便利的明
智之举，"折中之法"是人们通过生活的历练而得出的智慧，是日本
社会特有的处世方式。在战国时代乃至现代社会同样可以看到"折
中之法"的影响。[①]

战国时代被称为"天下大法"的"喧哗两成败"即源于"折中
之法"。"喧哗两成败"一词最早出现在骏河国（静冈县中央部）的
战国大名今川氏亲在大永六年（1526 年）制定的分国法《今川假名
目录》的第八条：斗殴者不论是非皆为死罪。

"喧哗两成败"这一法思想在当代日本依然发挥隐性的影响力。
例如 2002 年 1 月 21 日、22 日，在东京召开支援阿富汗复兴的会议，
外务省的"族议员"——在外务省具有隐性势力的铃木宗南议员为
了不让某一 NGO 参加而向外务次官施加压力。这件事暴露后，时任
外相田中真纪子向外务次官询问事情经过，外务次官证明铃木的行
为属实。田中外相在国会和媒体面前批判铃木议员的越权行为。然
而，之后事态却发生了意想不到的转变，铃木议员以及外务次官声
称此事子虚乌有，并且外务次官宣称，田中外相之所以这么做是因

---

① 　清水克行：《喧嘩両成敗の誕生》，講談社，2006 年，第 130 頁。

为田中外相与自己一直不和，田中为了搞垮自己而捏造了这一谎言。国内一片哗然，直到小泉纯一郎首相在 30 日，更换田中外相，辞退铃木众议院运营委员长一职，才使风波暂时告一段落。一些媒体将这种处罚称为"喧哗两成败"，有的评论家写道，"没有责任的人引咎辞职这在国外闻所未闻，但是这是日本固有的传统，（小泉所做的处理）是大家都能接受的"①。小泉并未彻查事情的原委，判断孰是孰非，而是采用折中的方法使双方觉得"相当"。

从中世的"折中之法"、近世的"喧哗两成败"、当代的平摊责任的做法可以发现，这些源于日本人特有的相当原则的法思想，包含对日本人特有的耻感的考量，是非判断、泾渭分明并非为人处世的哲学，保持双方的颜面、不让双方感到羞辱才是日本人所认为的最明智的处理方式。正如清水克行曾指出："在日本，人们根据地位与情景而行动，他们掌握了将复仇之心隐藏于身的技术。结果，他们对自己的荣誉极为敏感，甚至有一种将其内心化的执着。为了圆满地解决人们之间的纷争，比起正确与否的判断，保留双方的颜面以及平衡双方的损失是更为重要的。"② 若没有感受到"相当"原则，是一种耻辱，是对名誉的玷污。"相当"原则不仅体现在中世的赠答文化中，而且已深入日本人的灵魂深处，在当代日本社会依然发挥隐性的功能。

二　赠答模式在民族性格等方面的普遍意义及当代价值

《日常交往中的赠答——以梅花的赠答为例》指出，中世经济处于极度匮乏的公家集团仍然积极地保持自己的文化格调，因此，富与贵并不存在必然的联系。尽管公家贵族食不果腹，但依然吟诗作画、对酒当歌，这是贵族这一阶层"格"意识的体现。对于公家集

---

① 清水克行：《喧嘩両成敗の誕生》，講談社，2006 年，第 7 頁。
② 清水克行：《喧嘩両成敗の誕生》，講談社，2006 年，第 205～206 頁。

团表现出的阶层趣味、文化格调、强烈的"格"意识，笔者认为可以称其为贵族精神。"日本既好斗又和善，既尚武又爱美，既蛮横又文雅，既刻板又富有适应性，既顺从又不甘任人摆布，既忠诚不二又会背信弃义，既勇敢又胆怯，既保守又善于接受新鲜事物，而且这一切相互矛盾的气质都是在最高的程度表现出来的。"①这是本尼迪克特在《菊与刀》中对日本国民性的经典阐述。借助本尼迪克特的表述，笔者认为贵族精神的特点为：和善、爱美、文雅、刻板、顺从、胆怯、保守。日本经常被称为矛盾的民族，其人格呈现二元性，但是一个个体不可能体现出上述种种相互矛盾的性格，笔者认为，这种相互矛盾的性格是贵族精神与武士道精神在国民性中的双重体现。

一直以来相较于武家集团的论述，关于公家集团的论述较少，即使散见关于公家集团的论述，也多是在否定的文脉中被论及的。人们的关注点集中于名、忠、勇、诚、克、仁这一武家集团的武士道精神，但是贵族精神作为国民性的一个支流或深层从未消失过，虽然贵族精神表面看起来很微弱，被武士道精神所掩盖，但是这种贵族精神依然具有强大的向心力与生命力，日本人内心深处仍然对这种贵族精神或贵族文化向往，而这种文化与精神并不与经济实力、政治权力存在必然的联系。

正如公家集团对武家集团的认识，"在贵族看来，从地方农民成长起来的武士是异类，在《とりかへばや物語》中，甚至认为武士'非世上之物'，在《古事谈》中当时在东北地区富甲一方的陆奥藤原氏在中央贵族面前依然是被歧视的对象，藤原宗忠在《小右记》中在承德二年（1098年）十月二十三日条中也流露出对于武士阶层的反感"。② 进入中世，武士耀武扬威，执掌天下，但是文化水平、

---

① 〔美〕本尼迪克特：《菊与刀》，孙志民等译，浙江人民出版社1987年版，第2页。
② 家永三郎：《古代贵族の精神》，岩波书店，昭和三十三年，第6页。

阶级趣味依然低下；尽管武士掌握公家集团的经济命脉，公家处处小心谨慎地与其交往，但是在内心深处对其依然是极为蔑视的，大乘寺寺主寻尊甚至蔑视武士为"如犬之徒"①。公家集团对武家集团并不认可，这种不认可并非源自政治、经济势力，而是在于文化等精神层面的软实力。

室町时代连歌非常普及，从将军的亲信到武士、僧侣、商人、农民都热衷于举办连歌会。市井之人沉醉于"花下连歌会"这一游戏，编撰出《新撰菟玖波集》这一准敕选连歌集。在室町时代的町众中，甚至有人因为沉迷于连歌而荒废家业。有些人为了招待参与者不得不投入重金举行宴会，有些人因为经常举办宴会而影响了生意，入不敷出，有的商人甚至成了穷人。② 人们对文化、知识的渴求超越于经济之上，在当时已蔚然成风。

不仅在古代，在现代社会日本人依然崇尚贵族精神，这种憧憬影响着近现代日本人的行为模式，茶道即是一个最有力的明证。众所周知，茶道是日本文化的代表之一，茶道可以陶冶情操，怡养身心，是一种精神上的飨宴，"最大限度地提高人们衣、食、住、行的生活品位，向人们昭示并且宣扬日常社会的范式模型的，就是茶道文化"③。但是学习茶道是一种身份的象征，是阶层趣味的体现，这一点也不可否认。例如，明治维新以后，实业界的茶道爱好者们举办了很多茶道会，茶道会上云集了三井财团的益田钝翁、根津青山和井上世外等一流的政治家和实业家。女人在结婚之前接受关于结婚的培训课程，其中就包含茶道、花道等内容，以此彰显高贵的品味。④ 小泉纯一郎、安倍晋三等历届内阁总理大臣也参加茶道会，这

---

① 渡辺大門：《逃げる公家、媚びる公家——戦国時代の貧しい貴族たち》，柏書房，2011年，第41頁。
② 山崎正和：《室町記》，朝日新聞社1985年版，第174~175頁。
③ 〔日〕桑田忠亲：《茶道的历史》，汪平等译，南京大学出版社2011年版，前言。
④ 〔日〕桑田忠亲：《茶道的历史》，汪平等译，南京大学出版社2011年版，第125页。

都体现了当代日本人对贵族精神的向往、憧憬，对茶道这一贵族阶层文化的认可。

　　因此，日本人在内心深处依然崇尚文明、贵族精神，而这种贵族精神是自古以来"格"意识的体现，是从古至今一脉相承的思维方式。尽管在当代日本社会不再提及家格等阶层，但在潜意识里，"格"意识依然影响当代日本人的行为模式。

参考文献

中文参考文献

史料类

宫内厅书陵部编《看闻日记一》至《看闻日记六》，明治书院，2012 年。

满济：《满济准后日记》上、下，续群书类从完成会，昭和 33 年。

专著类

许烺光：《文化人类学新论》，张瑞德译，联经出版事业公司 1979 年版。

〔美〕鲁斯·本尼迪克特：《菊花与刀——日本文化的诸模式》，孙
　　志民、马小鹤、朱理胜译，庄锡昌校，浙江人民出版社 1986
　　年版。

〔美〕彼得·布劳：《日常生活中的交换与权力》，孙非、张黎勤译，
　　华夏出版社 1988 年版。

〔美〕欧文·戈夫曼：《日常生活中的自我呈现》，黄爱华、冯钢译，
　　浙江人民出版社 1989 年版。

〔日〕源了圆：《义理与人情》，李树果、王健宜译，王家骅校，天
　　津人民出版社 1996 年版。

〔美〕阎云翔：《礼物的流动——一个中国村庄中的互惠原则与社会
　　网络》，李放春、刘瑜译，上海人民出版社 2000 年版。

〔法〕马塞尔·莫斯：《论馈赠——传统社会的交换形式及其功能》，
　　卢汇译，中央民族大学出版社 2002 年版。

程杰:《梅文化论丛》,中华书局 2007 年版。

〔法〕莫里斯·古德利尔:《礼物之谜》,王毅译,上海人民出版社 2007 年版。

〔日〕山崎正和:《社交的人》,周保雄译,上海译文出版社 2008 年版。

〔英〕布罗尼斯拉夫·马林诺夫斯基:《西太平洋上的航海者》,张 云江译,中国社会科学出版社 2009 年版。

范宝舟:《论马克思交往理论及其当代意义》,社会科学文献出版社 2009 年版。

〔美〕马歇尔·萨林斯:《石器时代的经济学》,张经纬、郑少雄、张帆 译,生活·读书·新知三联书店 2009 年版。

〔法〕皮埃尔·布迪厄:《实践感》,蒋梓骅译,译林出版社 2009 年版。

〔美〕杨美惠:《礼物、关系学与国家——中国人际关系与主体性建 构》,赵旭东、孙珉译,张跃宏校,江苏人民出版社 2009 年版。

赵旭东:《文化的表达——人类学的视野》,中国人民大学出版社 2009 年版。

〔日〕桑田忠亲:《茶道的历史》,汪平等译,南京大学出版社 2011 年版。

尚会鹏:《心理文化学要义:大规模文明社会比较研究的理论与方 法》,北京大学出版社 2013 年版。

〔日〕南博:《日本人的心理　日本的自我》,刘延州译,社会科学 文献出版社 2014 年版。

论文类

李金:《马克思的阶级理论与韦伯的社会分层理论》,《社会学研究》 1993 年第 2 期。

蓝达居:《历史人类学简论》,《广西民族学院学报》(哲学社会科学 版) 2001 年第 1 期。

刘欣:《阶级关系与品味:布迪厄的阶级理论》,《社会学研究》2003 年第 6 期。

郭勇:《日本文化对异文化的受容模式——以古典文学为中心》,《宁波
　　大学学报》2005 年第 6 期。

孙欣欣:《从送礼方式看日本人的送礼观念》,北京第二外国语学院
　　硕士学位论文,2007 年。

李东辉:《浅析日本人的赠答习俗与义理——以"中元节"为例》,
　　《日语学习与研究》2009 年第 3 期。

秦亚青:《关系本位与过程构建——将中国理念植入国际关系理论》,
　　《中国社会科学》2009 年第 3 期。

樊丽丽:《从赠答习俗看日本人的和意识》,《岱宗学刊》2010 年 9
　　月第 14 卷第 3 期。

刘楠:《从趣味判断到趣味区隔——布迪厄对康德趣味美学的反思》,
　　西北大学硕士学位论文,2010 年。

刘拥华:《礼物交换:"崇高主题"还是"支配策略"?》,《社会学研
　　究》2010 年第 1 期。

曹红霞:《趣味与身份认同》,新疆大学硕士学位论文,2011 年。

关向娜:《中日送礼文化比较》,东北师范大学硕士学位论文,2011 年。

李彦:《从历史变迁的角度看日本人的赠答文化》,西安外国语大学
　　硕士学位论文,2011 年。

王梦琪:《现代日本赠答习俗的特征及其社会作用》,四川外国语大
　　学硕士学位论文,2011 年。

蔺岳林:《〈古今和歌集〉中梅花的意象》,《文学界》(理论版)
　　2012 年第 12 期。

纪莺莺:《文化、制度与结构:中国社会关系研究》,《社会学研究》
　　2012 年第 2 期。

李彦:《从日本赠答习惯的历史变迁看赠答的文化心理》,《黑河学
　　院学报》第 3 卷第 3 期。

刘清扬：《浅析日本的赠答文化》，《知识经济》2012 年第 7 期。

杜磊：《春秋战国时期剑文化形成及其影响的研究》，吉林大学硕士
学位论文，2013 年。

姜喜平、徐娥：《唐诗中的"刀"文化》，《军事体育学报》2013 年第
4 期。

马晓威、秦颖：《从赠答礼仪看中日两国社会交际文化的相异性》，
《剑南学院（经典教苑）》2013 年第 1 期。

王延东：《从朝廷戴花簪花礼仪探微宋代礼仪制度》，《兰台世界》
2013 年第 33 期。

尹作涛：《从礼物的赠答看中日国民心理的差异》，《科技信息》
2013 年第 10 期。

路芳：《仪式共食中的"共睦态"》，《百色学苑学报》2014 年第 1 期。

张建立：《战后 70 年日本反省对外侵略历史的轨迹》，《世界知识》
2015 年第 9 期。

日文参考文献

专著类

家永三郎：《古代貴族の精神》，岩波書店，昭和 33 年。

クロード・レヴィ＝ストロース：《親族の基本構造》，花崎皋平、
鍵谷明子ほか訳，马渊东一、田岛节夫監訳，番町書房，昭和
52 年。

J. ファン・バール：《互酬性と女性の地位》，田中真砂子、田中敏
訳，弘文堂，昭和 55 年。

加藤俊秀：《習俗の社会学》，PHP，昭和 55 年。

伊藤幹治：《宴と日本文化》，中公新書，昭和 59 年。

伊藤幹治、栗田靖之編著《日本人の贈答》，ミネルヴァ書房，昭和
59 年。

二木謙一：《中世武家儀礼の研究》，吉川弘文館，1985 年。

山崎正和：《室町記》，朝日新聞社，1990 年。

柳田国男：《食物と心臓》，《柳田国男全集 17》，筑摩書房，1990 年。

野道芳明：《剣と刀》，島津書房，平成三年。

宮田登：《贈与と負担》，小学館，1997 年。

有岡利幸：《梅》，法政大学出版局，1999 年。

金井静香：《中世公家領の研究》，思文閣，1999 年。

小川和佑：《刀と日本人》，光芒社，平成十二年。

森田登代子：《近世商家の儀礼と贈答——京都岡田の不祝儀・祝儀
    文書の検討》，岩田書院，2001 年。

横井清：《室町時代の一皇族の生涯——〈看聞日記〉の世界》，講
    談社，2002 年。

森茂暁：《満済》，ミネルヴァ書房，2004 年。

酒井利信：《日本精神史としての刀剣観》，第一書房，2005 年。

清水克行：《喧嘩両成敗の誕生》，講談社，2006 年。

青木保：《儀礼の象徴性》，岩波書店，2008 年。

大日方克己：《古代国家と伝統節日》，講談社，2008 年。

盛本昌弘：《贈答と宴の中世》，吉川弘文館，2008 年。

桜井英治：《室町人の精神》，講談社，2009 年。

崎寛徳：《鷹と将軍——徳川社会の贈答システム》，講談社，2009 年。

伊藤幹治：《贈答の日本文化》，筑摩書房，2011 年。

桜井英治：《贈与の歴史学　儀礼と経済のあいだ》，中央公論新社，
    2011 年。

渡辺大門：《逃げる公家、媚びる公家——戦国時代の貧しい貴族た
    ち》，柏書房，2011 年。

石村貞吉：《有職故実》（下），講談社，2012 年。

酒井利信：《刀剣の歴史と思想》，三友社，平成二十三年。

渡辺大門：《戦国の貧乏天皇》，柏書房，2012 年。

元木泰雄、松園斉編著《日記で読む日本中世史》，ミネルヴァ書房，2013 年。

论文类

遠藤基郎：《中世における扶助的贈与と収取》，《歴史学研究》第636 号。

白幡洋三郎：《花と緑から生まれた日本の文化》，*PREC STUDY REPORT*，2009 年第 9 期。

下川雅弘：《足利義教晩年の贈答儀礼》，駒沢女子大学，研究紀要第十六号。

后　记

《日本中世赠答文化》基于我的博士学位论文修改而成，在此书即将付梓之际，我要向求学路上所有帮助我、支持我的人表达诚挚的谢意。

首先我要感谢社会科学文献出版社谢寿光社长，感谢他在工作和求学路上对我的提携和关照。社长事务繁忙，日理万机，作为社会科学文献出版社的一名普通员工，平时工作中与社长的交集并不多。但是每当我遇到棘手的问题，有求于社长时，社长都会伸出援手，帮我渡过难关，感谢社长的知遇之恩。

其次，感谢我的导师李薇老师。李老师雷厉风行，果断干练，其学识与魄力为学界所敬重。对外界李老师巾帼不让须眉，但是私底下，她是一个对学生疼爱有加的慈祥老师。老师从未向我讲过她的成功经历，反而经常向我讲述她博士学习期间的"失败经历"。我深知老师的良苦用心，一方面是让我放松，不要有过大的压力；另一方面是让我少走弯路，少吃一些苦头。愚钝的我能忝为学徒实在是人生之幸。

感谢中国社会科学院日本研究所高洪老师，高老师不仅在日本研究界德高望重，还是中日关系方面的智囊成员。科研活动和智库研究等事务已让高老师日无暇晷，但是高老师仍对我的论文倾注了大量的心血，使我的论文得到完善与提升，感谢高老师对我的博士学位论文的辛苦付出。

感谢张建立老师耳提面命的教诲，让我对学术研究有了些许的领悟。张老师曾建议我使用"古文书"进行研究，而我对于"古文书"这个词闻所未闻，对于这一研究完全没有自信，但是随着研究的深入，我越发体悟到老师的道行之深、目光之远。因为写作博士学位论文的最大难点就在于创新，而我的选题以及所选文本本身就已经是一个创新，因此，感谢张老师为我指出了一条貌似崎岖，却最易达到目标的捷径。

感谢杨伯江老师、邵建国老师、孙承老师对我论文提出的修改意见。感谢苑崇利老师对我学业和工作上的帮助。感谢中国社会科学院日本研究所的张季风老师、崔世广老师、吕耀东老师、王玮老师、胡澎老师、林肖老师等以及所有同窗们，感谢各位老师在学业上的指导，林老师在生活上无微不至的关怀以及同窗们的鼓舞。

再次，感谢我曾经的领导和同事们。我在社会科学文献出版社工作十年左右，这十年是我人生中收获最多、进步最大的十年。在这里我遇到了博学达观的杨群总编，也遇到了无论是学识还是人品都值得尊敬的童根兴副总编，还有幸进入积极、向上的团队群学出版分社，感谢分社社长谢蕊芬、分社总编杨桂凤，以及可爱的同事们：佟英磊、任晓霞、杨阳、隋嘉滨、胡庆英、赵娜、张晓菲、李薇，感谢他们对我的包容和工作上的关照，也要特别感谢责编任晓霞对本书付出的心血与努力。

感谢天津社会科学院的领导与同事们，感谢东北亚区域合作研究中心主任程永明、日本研究所所长田香兰以及平力群、师艳荣、董顺擘、龚娜、刘树良、周晓霞、季洪旭等人，感谢大家对我研究上的指点与帮助。

最后我要感谢我的家人，感谢公婆和父母，他们都已年过花甲，在本应该颐养天年的时候，却要帮我分担家务，让我集中精力完成学业。感谢我的爱人张树华，他是家里的顶梁柱，肩负起生活的重任，让我没有后顾之忧。感谢我的儿子张瀚彬，他是我前进的动力。

感谢在日本北海道大学留学期间给予我无尽帮助的中村恭子、渡边芳子女士。

回顾多年来的工作和求学经历，我能遇到如此之多的贵人是何等的幸运，大家给予我的帮助我会永远铭记于心，砥砺前行。

图书在版编目（CIP）数据

日本中世赠答文化 / 胡亮著. -- 北京：社会科学
文献出版社，2019.11
　（天津社会科学院日本研究丛书）
　ISBN 978 - 7 - 5201 - 5476 - 5

　Ⅰ.①日…　Ⅱ.①胡…　Ⅲ.①政治文化 - 研究 - 日本
- 中世纪　Ⅳ.①D731.39

　中国版本图书馆 CIP 数据核字（2019）第 192241 号

天津社会科学院日本研究丛书
日本中世赠答文化

著　　者 / 胡　亮

出 版 人 / 谢寿光
责任编辑 / 任晓霞
文稿编辑 / 王　宁

出　　　版 / 社会科学文献出版社·群学出版分社（010）59366453
　　　　　地址：北京市北三环中路甲 29 号院华龙大厦　邮编：100029
　　　　　网址：www.ssap.com.cn
发　　　行 / 市场营销中心（010）59367081　59367083
印　　　装 / 三河市尚艺印装有限公司

规　　　格 / 开本：787mm × 1092mm　1/16
　　　　　印张：11.75　字数：152 千字
版　　　次 / 2019 年 11 月第 1 版　2019 年 11 月第 1 次印刷
书　　　号 / ISBN 978 - 7 - 5201 - 5476 - 5
定　　　价 / 69.00 元

本书如有印装质量问题，请与读者服务中心（010 - 59367028）联系

▲ 版权所有 翻印必究